Michael Waeber / Hans Steinbichler

# Unterwallis

50 ausgewählte Wanderungen

BERGVERLAG ROTHER GMBH · MÜNCHEN

Umschlagbild: Die Pigne d'Arolla mit den obersten Häusern von Arolla.
Foto Seite 1: Charakteristisch im Unterwallis sind kleinparzellige Rebberge.
Alle 74 Fotos stammen von den Autoren, außer:
Herbert Kunstmann: S. 45, Heinz Müller: S. 83, Christoph Bauer: S. 100.

Kartografie: 54 Wanderkärtchen im Maßstab 1:50.000 und 1:75.000,
gezeichnet von W. Mayr, Innsbruck, und Ingenieurbüro Heidi Schmalfuß,
München. © Bergverlag Rother.
Übersichtskarten im Maßstab 1:550.000 und 1:750.000
© Freytag & Berndt, Wien.

4., vollständig neu bearbeitete Auflage 2010
© Bergverlag Rother GmbH, München
ISBN 978-3-7633-4128-3

## ROTHER WANDERFÜHRER

Abruzzen · Achensee · Algarve · Allgäu 1, 2, 3, 4 · Altmühltal · Andalusien Süd · Aostatal · Appenzell · Arlberg · Außerfern · Auvergne · Azoren · Bayerischer Wald · Berchtesgaden · Bergisches Land · Berlin · Bern · Berner Oberland Ost, West · Bodensee Nord, Süd · Bodensee-Rätikon · Böhmerwald · Bolivien · Bozen · Brandnertal · Bregenzerwald · Brenta · Bretagne · Cevennen · Chiemgau · Chiemsee · Chur · Cilento · Cinque Terre · Comer See · Cornwall-Devon · Costa Blanca · Costa Brava · Costa Daurada · Costa del Azahar · Côte d'Azur · Dachstein-Tauern · Dauphiné Ost, West · Dänemark-Jütland · Davos · Dolomiten 1, 2, 3, 4, 5, 6 · E5 Konstanz-Verona · Ecuador · Eifel · Eisenwurzen · Elba · Elbsandstein · Elsass · Ober-, Unterengadin · Erzgebirge · Fichtelgebirge · Fränkische Schweiz · Friaul-Julisch Venetien · Fuerteventura · Gardaseeberge · Garhwal-Zanskar-Ladakh · Gasteinertal · Genfer See · Gesäuse · Glarnerland · Glockner-Region · La Gomera · Gran Canaria · Grazer Hausberge · Gruyère-Diablerets · Hamburg · Harz · Hawaii · El Hierro · Hochkönig · Hochschwab · Hohenlohe · Hunsrück · Ibiza · Innsbruck · Irland · Isarwinkel · Island · Istrien · Italienische Riviera · Französischer Jakobsweg Le Puy-Pyrenäen, Straßburg-Le Puy · Spanischer Jakobsweg · Südwestdeutsche Jakobswege · Julische Alpen · Jura, Französischer · Jura, Schweizer · Kaiser · Kapverden · Kärnten · Karwendel · Kaunertal · Kitzbüheler Alpen · Korfu · Korsika · Korsika - GR 20 · Kraichgau · Kreta Ost, West · Kurhessen · Lago Maggiore · Languedoc-Roussillon · Lanzarote · Lappland · Lungau · Luxemburg-Saarland · Madeira · Mallorca · Marken-Adriaküste · Mecklenburgische Seenplatte · Meran · Montafon · Mont Blanc · Montenegro · Mühlviertel · München · Münsterland · Golf von Neapel · Neuseeland · Neusiedler See · Nockberge · Norische Region · Normandie · Norwegen Süd · Oberpfälzer Wald · Odenwald · Ossola-Täler · Ost-Steiermark · Osttirol Nord, Süd · Ötscher · Ötztal · La Palma · Pfälzerwald · Picos de Europa · Piemont Nord, Süd · Pinzgau · Pitztal · Pongau · Portugal Nord · Provence · Pyrenäen 1, 2, 3, 4 · La Réunion · Rheinhessen · Rheinsteig · Rhodos · Rhön · Riesengebirge · Rom-Latium · Rügen · Ruhrgebiet · Salzburg · - Salzkammergut · Samos · Sardinien · Sauerland · Savoyen · Schottland · Schwäbische Alb Ost, West · Schwarzwald Nord, Süd · Schweden Süd und Mitte · Seealpen · Seefeld · Sierra de Gredos · Sierra de Guadarrama · Sizilien · Spessart · Steigerwald · Steirisches Weinland · Sterzing · Stubai · Stuttgart · Südafrika West · Surselva · Tannheimer Tal · Tasmanien · Hohe Tatra · Hohe Tauern Nord · Tauferer Ahrntal · Taunus · Tegernsee · Teneriffa · Tessin · Teutoburger Wald · Thüringer Wald · Toskana Nord, Süd · Türkische Riviera · Überetsch · Umbrien · Vanoise · Veltlin · Vía de la Plata · Vierwaldstätter See · Vinschgau · Vogesen · Vorarlberg · Wachau · Ober-, Unterwallis · Weinviertel · Weserbergland · Westerwald-Steig · Wien · Wiener Hausberge · Zillertal · Zirbitzkogel-Grebenzen · Zugspitze · Zürichsee · Zypern

**Wir freuen uns über jeden Korrekturhinweis zu diesem Wanderführer!**
**BERGVERLAG ROTHER · München**
**D-82041 Oberhaching · Keltenring 17 · Tel. (089) 608669-0**
**Internet www.rother.de · E-Mail leserzuschrift@rother.de**

# Vorwort

Wallis – Welten umgreift dieses Wort. Mediterranes Klima zwischen Sierre und Martigny: Gemüsefelder, Obstgärten, Weinberge, bewässert aus kunstvoll angelegten Wasserleitungen, die von den Schmelzwässern der Gletscher gespeist werden. Bauernarbeit in vielfältigster Landschaft in Höhen zwischen 400 und 2500 Metern. Naturwunder, angefangen von den unterirdischen Seen von St-Léonard über rauschende Flüsse, Bäche und Seen, dichte Waldgürtel, die Matten mit ihren Alpen bis hin zu den Steinkaren, Felsgraten, Wänden, Gletschern und Schneegipfeln. Wallis – Land zum Wandern und Bergsteigen, zum Draußensein bei jedem Wetter, zu allen Jahreszeiten. Unterwegssein auf uralten Wegen, die historischen Wasserleitungen entlang, über blumenreiche Matten, in wasserdurchtosten Schluchten, durch lichte Lärchenwälder, mit faszinierenden Tiefblicken, vor der Kulisse höchster Berge, bis an den Rand des ewigen Eises. Wallis – unerschöpfliche Vielfalt.

Wallis – Wanderzeit das ganze Jahr über. Jede Höhenstufe hat ihre Saison, vom mediterranen Talboden der Rhône bis zu den Gletschern. Das Land ist arm an Niederschlägen, doch reich an Sonnentagen. Im Norden und Süden wehren Bergketten mit ihren Viertausendern manche Schlechtwetterfront ab und gewähren dem Trogtal Sonnenschein, wenn es ringsum regnet. Die Regenarmut zwingt die Bewohner seit vielen Jahrhunderten zu aufwendigen Bewässerungstechniken.

Wir beschreiben die Wanderrouten des Kanton Wallis in zwei Führern. Der vorliegende Band »Unterwallis« bringt Wanderungen im französischsprachigen Teil des Wallis, der Band »Oberwallis« jene im deutschen Sprachraum. Als Trennlinie dient die offizielle Sprachgrenze Deutsch/Welsch, die der kleine Talgraben der Raspille auf der Nordseite bildet. Beide Führer sind ins Französische und Englische, der Band Oberwallis auch ins Niederländische übersetzt worden. Für jedes der beiden Bücher haben wir 50 Routen ausgewählt und begangen. Sie verlaufen in den Berghängen beidseits der Rhône und in ihren Seitentälern. Es sind durchwegs Wanderungen auf gut erkennbaren, oft markierten Wegen. Besondere Erfahrung oder Spezialausrüstung ist nicht nötig, doch sollte eine gewisse Grunderfahrung beim Begehen ausgesetzter Stellen vorhanden sein. Viele Touren eignen sich für Kinder, einige führen hoch hinauf, können also erst im Sommer begangen werden. Wir haben jeweils darauf hingewiesen.

Wir bedanken uns bei Wallis Tourismus, bei den Verkehrsämtern, der Vereinigung für Walliser Wanderwege Valrando, bei »Postauto Region Wallis« und SBB sowie bei verschiedenen Bergbahnunternehmen, auf deren Unterstützung wir bauen konnten. Dank auch unseren Begleiterinnen und Begleitern für ihre Geduld, die für verschiedene Extratouren oft vonnöten war.

Den Benutzern wünschen wir sonnige und erlebnisreiche Tage im Wallis.

Herbst 2009                                          Michael Waeber, Hans Steinbichler

# Inhaltsverzeichnis

## Abkürzungen

| | | |
|---|---|---|
| MO | = | Martigny-Orsières-Bahn (Saint-Bernard-Express) |
| MC | = | Martigny-Châtelard-Bahn (Mont-Blanc-Express) |
| SBB | = | Schweizerische Bundesbahnen |
| SMC | = | Sierre-Montana-Crans (Buslinie) |
| PTT | = | Postauto (PTT-Bus) |
| SAC | = | Schweizer Alpen-Club (CAS = Club Alpin Suisse) |

# Touristische Hinweise

### Zum Gebrauch des Führers

Die Wandervorschläge sind im Allgemeinen von Ost nach West, also von der Sprachgrenze an der Raspille westwärts geordnet. Die Unternehmungen in den Seitentälern stehen dabei an den entsprechenden Stellen; Ausnahmen hiervon gibt es nur, wenn nahe beieinanderliegende Wege zu weit voneinander entfernt stehen würden. Touristische und kulturelle Informationen über die Talorte sind im folgenden Kapitel zusammengefasst. Auf Seite 24 findet sich eine Zusammenstellung alternativer Unternehmungsmöglichkeiten für Regen- und Ruhetage.

Die wichtigsten Informationen sind jedem Tourenvorschlag steckbriefartig vorangestellt, dazu auch die Erreichbarkeit der Ausgangsorte mit öffentlichen Verkehrsmitteln. Nach einer kurzen Charakterisierung der Wanderung folgt die Beschreibung des Wegverlaufs. Die mehrfarbige Wanderkarte erleichtert die Übersicht, außerdem vermittelt das Farbbild einen Eindruck der Region. Mit den Höhenprofilen soll dem Benutzer ein zusätzlicher Eindruck von der Wegstrecke und den An- und Abstiegen unterwegs vermittelt werden, wodurch sich die Planung schon zu Hause sicherlich vereinfacht. Im Stichwortverzeichnis sind alle behandelten Berggruppen, die Talorte, Aus-

*Ausblick vom Pierre Avoi nach Südwesten auf das Mont-Blanc-Massiv (Tour 32).*

gangspunkte, Stützpunkte und Etappenziele zusammengestellt. Mit Hilfe der Übersichtskarte auf der Seite 27 können die verschiedenen Wandermöglichkeiten rasch lokalisiert werden.

## Schwierigkeiten

Alle beschriebenen Wege sind leicht und können mit entsprechender Bergwander-Ausrüstung (feste Schuhe und passende Kleidung) oft bis in den Spätherbst begangen werden. Dies sollte nicht darüber hinwegtäuschen, dass manche Stellen Trittsicherheit und Schwindelfreiheit erfordern. Um die Anforderungen besser einschätzen zu können, wurden die Tourenvorschläge mit verschiedenen Farben markiert. Diese erklären sich wie folgt:

**Leicht**  Der Weg ist gut und lückenlos markiert, ausreichend breit und nur mäßig steil, daher auch bei weniger gutem Wetter relativ gefahrlos zu begehen. Diese Touren können auch von Kindern und älteren Menschen ohne besondere Gefahr unternommen werden.

**Mittel**  Diese Steige sind ausreichend markiert, überwiegend aber schmal und auf kurzen Abschnitten etwas ausgesetzt. Kürzere Wegstrecken können auch mit Drahtseilen gesichert sein und sollten daher nur von trittsicheren, mit entsprechender Ausrüstung ausgestatteten Bergwanderern begangen werden.

**Schwierig**  Diese Steige sind ebenfalls ausreichend markiert, meist schmal und über weite Abschnitte steil angelegt. Stellenweise können sie sehr ausgesetzt sein, manchmal wird die Zuhilfenahme der Hände notwendig. Dies bedeutet, dass diese Wege nur von absolut trittsicheren, konditionsstarken und alpin erfahrenen Wanderern angegangen werden sollten.

## Gefahren

Fast alle Touren folgen klar erkennbaren und markierten Wegen, bei besonderer Ausgesetztheit oder anspruchsvoller Wegführung wird im Text darauf hingewiesen. Einige Routen führen über die 3000-Meter-Marke hinaus; hier muss natürlich auch im Sommer mit Schnee gerechnet werden. Bei zweifelhaften Verhältnissen ist es am besten, sich im Tal (z. B. in Verkehrs- und Bergführerbüros) zu erkundigen. Oder man erwandert die Region zuerst von etwas tiefer liegenden Wegen aus.

## Die Top-Touren im Unterwallis

### Cabane du Mountet

Alpine Höhenwege zu einem abgelegenen Hüttenstützpunkt in einem der wildesten Gletscherkessel der Alpen (Tour 5, 9.00 Std.).

### Sasseneire

Vom Stausee zu einem hohen Aussichtsgipfel zwischen dem Zinaltal und dem Val d'Hérens (Tour 8, 6.20 Std.).

### Le Châtelard – Bisse de Lens

Eine wenig anstrengende Wanderung mit schönen Blicken auf die Rhône, dann auf teilweise ausgesetzten Wasserleitungswegen zu den Weinbergen (Tour 13, 2.30 Std.).

### Cabane des Aiguilles Rouges

Rundtour über dem Arollatal mit feinsten Ausblicken auf gewaltige Fels- und Gletscherberge (Tour 20, 5.25 Std.).

### Derborence–Anzeindaz

Von einem abgelegenen Bergsee steigen wir unter die wilden Südabstürze der Diablerets (Tour 25, 4.00 Std.).

### Lac de Fully

Einmalig aussichtsreicher Höhensteig zu einem lieblichen Hochtal und zu einer Aussichtskanzel über dem Rhôneknie bei Martigny (Tour 29, 5.00 Std.).

### Sentier des Chamois

Auf wildem Bergsteig durch die Steilflanke hoch über dem Val de Bagnes mit begeisternden Ausblicken auf den Grand Combin (Tour 33, 4.20 Std.).

### Col des Otanes

Von Europas höchster Gewölbestaumauer in die Gletscherregion des Grand Combin (Tour 36, 6.10 Std.).

### Drei Cols

Aussichtsreiche Rundtour über drei Pässe mit schönen Mont-Blanc-Blicken und zu drei Hochgebirgsseen (Tour 41, 5.40 Std.).

### Croix de Javerne

Auf eine Aussichtwarte am Fuße der Gipfelfelsen des Dent de Morcles mit schöner Aussicht zum Genfer See (Tour 48, 5.30 Std.).

## Ausrüstung

Gutes, festes und vor allem gut passendes Schuhwerk mit griffiger Sohle. Sogenannte Trekkingstiefel haben sich bewährt. Lange, bequeme Hose, Regen-, Wind- und Kälteschutz, für Routen, die höher hinauf oder durch Tunnels führen, auch im Sommer Handschuhe und Mütze (selbst wenn es im Tal hochsommerlich heiß ist). Für den Herbst, wenn die Tage kürzer werden, empfiehlt sich eine Stirnlampe. Natürlich sollte ausreichend zu trinken dabei sein (nicht jedoch in den wenig umweltfreundlichen Dosen, sondern in der eigenen Trinkflasche) sowie genügend zu essen. Klares, frisches Bergwasser findet man auf fast allen Touren.

## Karten

Viele der Wanderungen können mit den Kartenausschnitten dieses Büchleins unternommen werden. Es empfiehlt sich jedoch die Anschaffung der hervorragenden Blätter der Schweizer Landestopografie (Landeskarte der Schweiz oder die daraus zusammengestellten Sonderblätter der regionalen

Verkehrsverbände). Diese Kunstwerke an Übersichtlichkeit und Detailgenauigkeit sind das beste Hilfsmittel für viele weitere Unternehmungen. Erhältlich sind sie vor Ort in Buchhandlungen, Kiosken, an Bahnhöfen und in den Verkehrsämtern.

## Gehzeiten

Zeitangaben sind grundsätzlich problematisch; in diesem Führer sind durchschnittliche Wanderzeiten – ohne Rast- oder Fotopausen – angeführt, wie sie auch ohne größeres »Training« normal benötigt werden. Sie sollen nur Planungshilfe sein. Wer – bei guten Verhältnissen – länger unterwegs ist, hat vermutlich viel mehr von diesen Touren. Lediglich das Wetter, die Fahrpläne von Bus und Bahn oder die kommende Nacht sollten den Zeitplan festlegen, bestimmt nicht die Jagd nach neuen »Wanderzeit-Rekorden«.

## Bergrettung, Notruf

Notruf: Tel. 112 (allgemeine europäische Notrufnummer)
Bergrettung Schweiz: Tel. 1414

## Einkehrmöglichkeiten

Unter dieser Überschrift finden sich die am Weg liegenden Restaurants oder Schutzhütten, die im Sommer geöffnet sind. Wo vorhanden, sind auch Nächtigungsmöglichkeiten angegeben, im Frühsommer oder Herbst sollte man sicherheitshalber aber im Tal hinsichtlich der Bewirtschaftung Erkundigungen einziehen. Die Restaurants oder Kioske an den Bergbahnstationen haben generell während der Bahnbetriebszeiten geöffnet.

## Aufstiegshilfen

Seilbahnen, Lifte und Taxibusse wurden, wo sinnvoll, integriert. Manche Linien sind nur im Sommer in Betrieb (im »Fahrplan des Wallis« sind alle Bahnen und Buslinien aufgeführt; erhältlich in den Verkehrsbüros und an Fahrkartenschaltern der Bahnen und Busse); wenn diese Bahnen im Herbst den Betrieb einstellen, werden die Wanderungen zwar länger, aber auch viel ruhiger.

*Die Moiryhütte (Tour 7) bietet Speis' und Trank in großartiger Umgebung und Unterkunft für die Nacht.*

## Anreise

Das Wallis ist für Besucher aus Deutschland oder Österreich verhältnismäßig weit entfernt, Wochenendtrips scheiden daher aus. Die meisten Urlauber reisen im eigenen Pkw an, womit das Auto auch hier zu einem großen Problem wird (Staus, schlechte Luft und knapper Parkraum).

Über sechs hochalpine Pässe lässt sich das Wallis mit dem Auto erreichen: Grimsel (2165 m); Furka (2431 m), Nufenen (2478 m), Simplon (2004 m), Col du Grand St-Bernard (2469 m) und Col de la Forclaz (1526 m, ganzjährig offen). Die Tunnels von Furkapass (Bahnverladung) und Col du Grand St-Bernard sind ganzjährig zu befahren. Ansonsten bleiben im Winter nur die Routen entlang der Rhône und über den Simplon (er wird ganzjährig freigehalten).

Das Wallis ist auch hervorragend mit der Bahn erreichbar, es gibt sogar durchgehende Züge aus Deutschland; dazu kommen Traumrouten wie die Rhätische-/Matterhorn-Gotthard-Bahn von Chur nach Brig oder der Lötschberg-Bergstrecke – damit wird schon die Anreise zur Erholung.

Von Norden führt die Bern-Lötschberg-Simplon-Linie (BLS) durch den Lötschberg (unter dem Balmhorn) und seit 2007 durch den neuen, 38 Kilometer langen NEAT-Tunnel ins Wallis; von Osten, auf der Strecke Chur–Oberalppass–Andermatt–Furkapass, die Matterhorn-Gotthard-Bahn (MGB mit dem Glacier-Express St. Moritz/Zermatt); von Süden, von Domodossola (Italien) die BLS durch den Simplontunnel und von Westen, von Genf/Lausanne durch das Rhônetal die SBB/CFF, die Schweizerische Bundesbahn.

*Das untere Rhônetal bei Martigny, die Eingangspforte ins Unterwallis aus der Genfer-See-Region. In der Mitte verläuft die Autobahn.*

## Öffentlicher Verkehr

Nahezu alle hier beschriebenen Wanderungen sind mit Bussen oder Zügen zu erreichen; daher sollte jeder darüber nachdenken, ob nicht auch ein autofreier Urlaub in Frage kommen könnte. Die zugegebenermaßen hohen Fahrpreise für Einzelbillets lassen sich dank zahlreicher Spezialangebote der Bahngesellschaften vermeiden. Beim Vergleich mit dem eigenen Pkw gilt es auch zu berücksichtigen, dass neben der Autobahn-Vignette und eventuellen Maut- oder Verladegebühren fast überall vor Ort auch Parkgebühren anfallen. Ganz zu schweigen von der meist wegen starkem Verkehr überaus anstrengenden Anfahrt; nicht jeder ist am Tag nach der Ankunft schon zu großen Touren in der Lage, man verschenkt somit einen kostbaren Urlaubstag.

## Information

Schweiz Tourismus, Tel. 00800/100200-30 (aus ganz Europa kostenlos), Fax 00800/100200-31, E-Mail: info@myswitzerland.com, www.myswitzerland.com

Regionales Fremdenverkehrsamt: Wallis Tourismus, Rue Pré Fleuri 6, CH-1951 Sion, Tel. 027/32735-70, Fax -71, E-Mail: info@valais.ch, www.wallis.ch (Internetseite mit Zusammenstellung aller Orte und deren touristischen Angeboten sowie Links zu den Homepages der Orte)

## Natur- und Umweltschutz

Auf allen unseren Touren mussten wir auch die Zerstörungen sehen, die Energiewirtschaft, Pistenskilauf, Tourismus (Chalets) und oft genug die Landwirtschaft in diesem wohl großartigsten Schweizer Kanton angerichtet haben. Wir durften aber auch erleben, dass es Bestrebungen gibt, diese Natur- und Kulturlandschaft zu bewahren, dieses Erbe zu pflegen und das wichtigste Kapital des Wallis so unversehrt wie möglich an die folgenden Generationen weiterzureichen. Allerdings, wir haben es erlebt und wissen es: Vielfach ist es dazu zu spät! Es ist uns deshalb ein Anliegen, allen Wallisfreunden, die unsere Führer nutzen, den sorgsamen Umgang mit der Naturlandschaft und ihren Kulturgütern ans Herz zu legen. Wer möglichst spurenlos unterwegs ist, wer nichts zurücklässt, wer gegenüber Mensch und Tier bewusst als Gast auftritt, ist ganz sicher im Wallis willkommen.

Touristenmüll ist zwar kein prägendes Umweltproblem, doch gewiss das ärgerlichste. Eigenen Abfall ins Tal zurückzunehmen und dort geregelt zu entsorgen ist heute eine Selbstverständlichkeit. Eine zusätzlicher Beitrag zur Reinhaltung wäre es, hin und wieder auch Müll von Zeitgenossen mitzunehmen, für die dies noch keine Selbstverständlichkeit ist. Eine solche Haltung beweist, dass sich der Gast für sein Urlaubsdomizil verantwortlich fühlt.

Für Wallis-Reisende sind Automobil und Eisenbahn die meistbenutzten Verkehrsträger. Wer mit dem Auto anreist, der sollte hier in der Schweiz – dem Land mit der besten Verkehrs-Infrastruktur der Welt! – auf jeden Fall versuchen, während des Wallis-Aufenthalts die öffentlichen Verkehrsmittel zu benützen. Eine ganze Reihe von Touren in unseren Führern sind darauf ausgerichtet, und wir haben in allen Beschreibungen darauf hingewiesen.

Anders ist es, wenn der Wanderer mehr oder weniger unvermittelt vor großflächigen Zerstörungen steht, die für den Pistenskilauf getätigt wurden und immer noch werden. Man kann sich in Sarkasmus flüchten und sagen: »Nur so weiter, die Klimaänderung wird dem bald ein Ende setzen!« Viel besser jedoch wäre hier ein persönliches Gespräch mit Ihrem Gastgeber, ein Brief an die Gemeinde, an die Kantonsregierung, an Wallis Tourismus oder an den »Walliser Boten«, in dem Sie Ihre Gründe schildern, weshalb Sie hierher gekommen sind, was Sie erwartet haben und was Sie nun antreffen. Glauben Sie nicht, dass ein solcher Brief umgehend in den Papierkorb wandert, gerade der »Walliser Bote« in Brig hat ein sensibles Ohr für Reaktionen aus dem Tourismusbereich und räumt den Leserbriefen großen Raum ein. Es ist mittlerweile bei den Verantwortlichen angekommen, dass nur Monate Skibetrieb für eine Gemeinde, die vom Tourismus lebt, einfach nicht genügen und dass für den Sommertourismus mehr getan werden muss. Ein Beispiel dafür sind die verschiedenen neuen Wege und Klettersteige, die überall im Wallis eingerichtet werden. Etwa der berühmt gewordene »Europaweg« von Grächen nach Zermatt auf der östlichen Talflanke. Gegenwärtig wird diskutiert, auf der gegenüberliegenden Seite einen ähnlichen Höhenweg anzulegen, was einen einzigartigen Wandergenuss darstellen würde. Da und dort wurden auch schon Bahnen, Lifte und Pisten »rückgebaut«, aber weniger wegen des Landschaftsschutzes, sondern aus Rentabilitätsgründen.

In keinem anderen Alpenland findet sich eine solche Menge von »Chalets«, also Ferienhäuser. Es scheint einem Beobachter fast, als hätte jede Schweizer Familie »ihr Häuschen im Grünen« an der schönsten und sonnigsten Stelle des Hanges mit »unverbaubarem Panorama«. Die meisten dieser »Hütten«

werden nicht vermietet, belasten die Gegend aber mit all der erforderlichen Infrastruktur wie Wege, Straßen, Parkplätze, Wasser- und Energieversorgung. Dieser mittlerweile zu einem Problem gewordene »Häuserlbau« ist für das Wallis typisch und wurde nicht nur für die Natur zu einer Belastung, wenngleich es auch im Bergkanton Valais schwieriger wird, ein neues Chalet zu bauen oder einen Alpstadel in eine Zweitwohnung umzuwandeln.

*Das dicht besiedelte Rhônetal mit der Stadt Siders (Sierre).*

# Das Wallis

Das Wallis ist ein Land der Kontraste und Gegensätze. Das landschaftliche Spektrum reicht von mediterranen Bereichen bis hin zu arktisch anmutenden Regionen. Wohl nirgends auf der Welt finden sich all die Abstufungen zwischen diesen beiden Extremen auf so engem Raum wie hier.

Geografisch werden die Walliser Alpen von zwei großen Flussläufen begrenzt. Es erstreckt sich von der Rhône südwärts bis an die Ufer der Dora Baltea, dem Wildwasserfluss im italienischen Aostatal, und östlich weiter bis zum Lago Maggiore. Der vorliegende Wanderführer beschreibt jedoch – genau wie unser Führer »Oberwallis« – das Land zu beiden Seiten der Rhône, mit den Tälern und Nebenflüssen, deren Wasser dieser Fluss hinausführt in den Lac Leman, den Genfer See.

Geringe Niederschlagsmengen – selten fällt ergiebiger Regen und nur an wenigen Tagen ausgiebig Schnee – sichern dem Trogtal der Rhône eine hohe Zahl an Sonnentagen. Und dies zu allen Jahreszeiten. Im Wallis wird man kaum einen Tag ohne Sonne erleben. Die Statistik spricht eine klare Sprache: Während im langjährigen Mittel für Luzern 140, für Zürich 134, für Basel 117 und für Lugano 108 Regentage ermittelt wurden, bleibt es in der Kantonshauptstadt Sitten (Sion) bei 86 Tagen mit Regen. Dort regnet es also nicht einmal jeden vierten Tag.

Die Fläche des Wallis beträgt 5231 Quadratkilometer – etwa ein Achtel der Fläche der Schweizer Eidgenossenschaft. Über den Kamm der gewaltigen Gebirge verläuft die politische Grenze des Wallis. Dort grenzen die Kantone Tessin, Uri, Bern und Waadt (Vaud) sowie Frankreich und Italien an. Derart eingerahmt, bildet das Wallis eine wundervolle landschaftliche Einheit.

Der Kanton Wallis, gebildet aus 13 Bezirken (Zenden), teilt sich in das obere und das untere Wallis, in das deutsch- und das französischsprachige (Valais) – Ergebnis einer verwickelten, von zahlreichen kriegerischen Auseinandersetzungen geprägten Geschichte (das Wallis entschloss sich erst 1815 zum Beitritt in die bereits 1291 gegründete Eidgenossenschaft).

## Das Unterwallis

Für Besucher ist die Trennung von Oberwallis und Unterwallis am deutlichsten an der Sprachgrenze Deutsch–Französisch: Von einem Dorf (Salgesch) zum andern (Miège) ändert sich die Sprache! Zwischen diesen nur eineinhalb Kilometer voneinander liegenden Weindörfern auf der rechten Rhône-Seite liegt der »Rösti-Graben«. Geografisch markiert wird er von einem Bach namens Raspille (der durch eine hübsche, kleine Schlucht rauscht).

Die Schweiz wurde aufgrund der gelungenen Integration von Menschen aus vier verschiedenen Sprach- und Kulturbereichen weltweit zum Vorbild. Alle Schweizer Schulkinder lernen früh mindestens zwei Sprachen. Dennoch kann es passieren, dass man in Sierre oder im Val d'Anniviers mit Deutsch nicht mehr weiterkommt. Rein rechnerisch spricht die Mehrheit der Bevölkerung im Wallis Französisch.

## Geografische Gliederung

Kurz nachdem von Norden die Raspille in die Rhône mündet, erreicht von Süden die Navisence aus dem Val d'Anniviers (Eyfischtal oder Zinaltal) die Rhône. Ins Tal führt eine steile Straße, die sich durch eine wilde Felslandschaft in ein enges, im ersten Teil bewaldetes Tal windet. Beim Ort Vissoie mündet von Südwesten das Val de Moiry ein, bekannt für den ursprünglichen Ort Grimentz und den Stausee Lac de Moiry. Am Ende des Val d'Anniviers dann das grandiose Finale: der Kessel von Zinal (1670 m) – eine beeindruckende Szenerie von hohen Bergen, ausgedehnten Gletschern, steilen Flanken und Graten. Der Gipfel des riesigen, von Westen felsigen Weisshorns (4505 m) mit Nord- und Schaligrat liegt fast 3000 Meter über der Schwemmebene von Zinal. Weitere Viertausender zeigen sich je nach Standpunkt: Bishorn (4153 m), Zinalrothorn (4221 m), Obergabelhorn (4062 m), Matterhorn (4477 m) und Dent Blanche (4345 m). Die umfassendste Sicht in den Kessel von Zinal bietet der Gipfel der Pigne de la Lé (3396 m). Im vorliegenden Führer ist das Val d'Anniviers, dieses Glanzstück der Walliser Alpen, mit sieben Touren würdig vertreten.

Nördlich von Sierre (Siders) liegt über weiten und gepflegten Rebstock-Reihen das Sonnen- und Skidorf Montana (1495 m), architektonisch eine Mischung aus alten »Spychern«, vielstöckigen Hochhäusern und zahlreichen Chalets mit meist geschlossenen Fensterläden. Die hier begangenen Bausünden haben den Verantwortlichen manche Kritik eingebracht. Die Region oberhalb der Pisten dominiert der stark vergletscherte Wildstrubel (3243 m), der eine herrliche Sicht auf die Walliser und Berner Alpen eröffnet. Westlich des Wildstrubels führt der eisfreie Rawilpass (2429 m) vom bernischen Simmental ins Wallis – ein wichtiger Übergang in jener Zeit, als weder Tunnels noch ausgebaute Passstraßen Zugänge ins Wallis boten.

Nur wenig westlich des Wildstrubels, unterhalb des Wildhorns (3247 m), führt mit dem Col de Senin (Sanetschpass, 2251 m) ein weiterer Pass von Norden über die Berge. Als niedrigster und am leichtesten begehbarer der drei eisfreien Übergänge – neben Gemmi und Rawil – vom Kanton Bern ins Wallis war der Col de Senin der meistbenutzte. Es kamen aber nicht nur friedliche Besucher. In einem Geschichtsbuch ist zu lesen: »1418: Bernische Banden kommen über den Sanetsch, bemächtigen sich der Stadt Sitten und plündern die Kathedrale.« Kein Wunder, dass die Walliser sich einen Beitritt zur Eidgenossenschaft so lange überlegten ...!

Südlich von Sitten (Sion), der Kantonshauptstadt, mündet ein weiteres bedeutendes Tal: das Val d'Hérens (Eringertal), Heimat einer Walliser Rinderrasse in den Farben Kastanienbraun/Schwarz oder Braun/Rot mit einer hellen Rückenlinie. Bei Euseigne (975 m) verzweigt sich das Tal oder anders ausgedrückt: Das Wasser der Dixence aus dem von Südwesten einmündenden Val d'Hérémence vereint sich hier mit der Borgne, die aus dem Eringertal kommt. Beide Flüsse waren einst wilde, von zahlreichen Gletschern gespeiste Bergwasser, die der Rhône mächtigen Schub verliehen. Doch das ist vorbei! Die höchste Staumauer der Alpen, ein Beton-Monstrum von 285 Metern Höhe, hat den 400 Millionen Kubikmeter fassenden Lac des Dix geschaffen, der das Talende prägt. Den fünfeinhalb Kilometer langen Lac des Dix begleitet auf seinem Westufer eine Fahrstraße.

Am Ende des Val d'Hérémence, über dem Stausee, beherrscht der Mont Blanc de Cheilon, umrahmt von Gletschern, die Szenerie. Unter seiner gewaltigen Nordwand führt der Aufstieg zur Cabane des Dix (2928 m) in großartiges, lupenreines Hochgebirge (Tour 23).

Das beidseitig bewaldete Val d'Hérens verengt sich ab Euseigne und öffnet sich erst wieder vor Evolène (1350 m) bei den viel fotografierten Erdpyramiden. Bei Les Haudères, dem Hauptort des Eringertals, teilt sich das Val d'Hérens ins Val Ferpècle und ins Val d'Arolla, durchflossen von der Borgne de Ferpècle und der Borgne d'Arolla. Vier Touren unseres Führers leiten von den beiden Talschlüssen zu begeisternden Aussichtspunkten, zu Rastplätzen, die Einblick gewähren in die vergletscherte Welt von Grand Cornier (3961 m) und Dent Blanche (4356 m).

Im Val d'Arolla führt die Straße bis auf 2000 Meter, bis unter die Gletscher. Als riesenhafter, unnahbarer

*Ein Monument der Unbezwingbarkeit: die auf einem Felsen thronende Burg Sion.*

Wächter des Tals steht der Mont Collon (3637 m) da, behütet mit einer breiten Gipfel-Kalotte aus Eis, umgeben von steilen Felswänden, die von Schluchten durchzogen sind. Getrennt durch den zerrissenen Glacier Mont Collon die Schneeberge Pigne d'Arolla (3796 m), La Serpentine (3795 m) und Mont Blanc de Cheilon (3869 m). Der höchste Gipfel der Gruppe, die Ruinette (3875 m), ist aus den unteren Bereichen nicht zu sehen.

Der untere Teil des Val de Nendaz, eines weiteren von Süden ins Rhône-Tal einmündenden Seitentals, ist für Pisten-Skilauf und die Zahl seiner Ferien-Chalets bekannt. Den südlichen Teil des Tals prägt der Lac de Cleuson, ein Stausee. Darüber erheben sich die von mehreren kleinen Gletschern flankierten Dreitausender Mont Fort (3328 m) und Rosablanche (3336 m), die immer noch ein stilles hochalpines Tourengebiet darstellen. Die Tour Nr. 30 führt über die Dent de Nendaz (2363 m), einem Gipfel mit umfassender Sicht, auf einem teils felsigen Grat zu den Baumriesen von Balavaux, zu den ältesten und größten Lärchen des Wallis, wahre Giganten.

Savièse heißt die Landschaft nordwestlich von Sion – eine Region, dem Gott Bacchus dienstbar: Reben, soweit das Auge reicht! Im Herbst, zur Zeit der Lese, ein flammendes Meer an Farben! Der Wein hat diese Bergregion rigoros verändert. Die Bedeutung des Weins ist auf Tour 24 zu erleben, die zunächst nach Daillon, wo Obstgärten die Reben ablösen, und dann – über Alpweiden und vorüber an einem fantastischen Karrenfeld (Kalk) – zum großartigen Aussichtspunkt Croix de la Cha (2351 m) hinaufführt: Vom Monte Leone bis zum Grand Combin reihen sich die großen Walliser Gipfel – welch ein Ausblick!

Die Straße in das versteckte Hochtal Derborence, ein wahres Kleinod des Wallis, führt im unteren Teil durch die Landschaft des Weines, durch die Winzerdörfer Conthey, Sensine, Erde und wendet sich über Aven abrupt um einen Felsgrat ins benachbarte Tal der Lizerne. Zunächst führt die Straße noch durch steil abfallende Waldgebiete, doch bald wird sie erstmals in einen Tunnel gezwungen. Annähernd senkrecht fällt hier der Fels über Hunderte Meter in die Tiefe. Was sich plötzlich gegenüber aufbaut, verschlägt den Atem: Die mehr als 1500 Meter aufragenden Plattenfluchten der Haut de Cry (2969 m), die jenseitige Schluchtseite, gehören zu den höchsten Steilwänden der Alpen. Selbst in dieser unerhörten Ausgesetztheit haben sich – im unteren und mittleren Teil der Wände – Bäume und Baumgruppen in Rissen und Winkeln festgekrallt und bringen Farbe in das helle Grau der Kalkfelsen. Die Weiterfahrt bleibt spannend, vor allem die Passage durch die mächtigen Blockfelder zweier Bergstürze aus dem 18. Jahrhundert. Am Ende des Kessels, den eindrucksvolle Wandsysteme der Diablerets (3209 m) einfassen, liegt ein kleiner See in zauberhafter Umgebung: der Lac de Derborence.

Im Verlauf unserer Reise entlang der Rhône durchs Unterwallis hat sich ab Sierre die Flussebene zunehmend geweitet. Hier zeigen sich die Erfolge der »Rhône-Korrektion«: brettebene Planquadrate, von Entwässerungsgräben

*Auf dem Weg zum Croix de la Cha sind bizarr geformte Karren zu bestaunen (Tour 24).*

durchzogene Felder und Obstplantagen, schnurgerade durchschnitten von der Bahnlinie und der neuen Autobahn, die derzeit bis Sierre, also bis an die Grenze zum Oberwallis, ausgebaut ist. Das rasch abfließende Wasser der Rhône wird, wo nötig, den starken Kreisregnern zugeführt, deren bogenförmige Fontänen in der Ebene wie in den Bergen zu einem Symbol des Wallis geworden sind.

Bei Martigny (Martinach), wo das große Tal im rechten Winkel nach Nordwesten abknickt und sich in Richtung Genfer See wendet, fließen von Süden die Wasser der Drance aus dem Val d'Entremont in die Rhône. Wenige Kilometer dieses Seitental aufwärts, bei Sembrancher, teilt sich der Fluss in die Drance d'Entremont und in die Drance de Bagnes, die das Val de Bagnes durchfließt. Vier Kilometer weiter, bei La Châble, führt eine Abzweigung 500 Höhenmeter empor zum Super-Skizentrum Verbier. Abseits von Bahnen und Pisten bietet der Sentier des Chamois dort oben einen wundervoll stillen Weg (Tour 33), der auf allen seinen Abschnitten hinreißende Blicke auf den beherrschenden Berg des Unterwallis, den Grand Combin, gewährt. Am Schluss des Bagnes-Tals prägt der fünf Kilometer lange Stausee Lac de Mauvoisin die Szenerie. Doch schon vor der Staumauer führen zwei Wege ins Reich des Grand Combin, zur Cabane de F. X. Bagnoud (2641 m): einer von Fionnay (1490 m) durch das Corbassière-Tal, der andere über den Col des Otanes (2846 m). Letzterer überrascht mit einzigartigen Bildern dieses eisgepanzerten Gebirges. An dieses hochalpine Zentrum des Unterwallis führen sieben unserer Touren heran.

Durch das Val d'Entremont zog Napoleon, als er den Großen St. Bernhard (2469 m) überquerte. Leider hat er vergessen, für sein Quartier zu bezahlen, was ihm die Bewohner des Tals bis heute nicht verziehen haben. Die Auffahrt zum Pass, zum Ort der Berhardiner-Züchtung, zum Kloster der Augustiner-Chorherren, ist ein Erlebnis und bei wenig Verkehr ein exklusiver Nervenkitzel. Der Bergwanderer beginnt am Pass einen Weg in Stille und Abgeschiedenheit, der ihn über die Grenze zu Italien und wieder zurück führt – zwischen den beiden Riesen Grand Combin und Mont Blanc. Drei Cols werden überschritten: erst der Col des Chevaux (2714 m), als zweiter der Col de Bastillon (2754 m) und zuletzt der Col de Fenêtre (2698 m). Den Bergsteiger erwartet ein Fest für die Augen, ein Spaziergang vor großartiger Kulisse, inmitten einer Landschaft, die auf kleinem Raum alles bereithält, was der Mensch

*Herbst am Lac de Derborence, der erst durch Felsstürze im 18. Jahrhundert entstanden ist. Der Wald im Hintergrund birgt die in Tour 25 erwähnten Riesentannen.*

mit dem Erlebnis Berg verbindet: Blumenwiesen, Schneefelder, Bäche, Seen, steinerne Vielfalt, Tiefe, Weite und an jeder Scharte ein neuer, überwältigend schöner Ausblick.

Das vielfältige, kleinräumige und weitgehend einsam gebliebene Kalkgebiet um Dent de Morcles (2968 m) und Grand Muveran (3051 m), nördlich von Martigny, ist eine Landschaft, die geradezu ideal für Entdeckungsreisen ist. Die gewaltigen Höhenunterschiede (die Rhône fließt hier auf einer Meereshöhe von 420 Metern) lassen sich mit mehreren kühn in die Hänge gelegten kleinen Straßen, die weit hinaufführen, überwinden.

Folgt man der Rhône weiter flussabwärts, erheben sich zwischen Martigny und St-Maurice im Westen 2500 Meter über dem Talboden die Gipfel der Dents du Midi, deren höchster Punkt die Haute Cime (3257 m) ist. Nicht viele Massive in den Alpen stehen derart frei. Weit reicht der Blick von deren Gipfel in die Ferne und tief hinunter in die umgebenden Täler. Südlich unter der Gipfelkrone der Dents hat der Mensch einen hübschen (Stau-)See geschaffen, in dem eine uralte Alpsiedlung verschwunden ist. Von Martigny her führt eine Schmalspurbahn, ein Meisterwerk der Schienentechnik, empor nach Salvan, dem Ausgangspunkt für die Wanderung zum Lac de Salanfe (1925 m, Tour 47). Salvan lässt sich auch auf einer Straße von Martigny her erreichen. Die Bahn fährt weiter nach Finhaut und Châtelard, überquert die Grenze nach Frankreich und erreicht schließlich über Vallorcine Argentière und Chamonix.

## Wasser – Wässerwasser

Für die Walliser war der Umgang mit dem Wasser immer eine lebenswichtige Aufgabe. Und noch heute kämpfen sie um das Wasser und gegen das Wasser. Noch vor 150 Jahren waren weite Strecken des Rhônetals sumpfig, bahnte sich der Fluss immer wieder neue Schneisen, war es kaum möglich, die Ebenen zu bewirtschaften. Mehrere Kraftakte der Walliser brachten – mit Unterstützung der Eidgenossenschaft – dann einen radikalen Umschwung: Im Rahmen der sogenannten Rhône-Korrektionen wurde der Fluss begradigt, eingetieft und mit hohen Dämmen versehen. Ein Blick auf die Karten der Schweizer Landestopografie (1:50 000, Blätter 272, 273 und 274) zeigt eindrucksvoll das Ergebnis: Außer in den Schluchtstrecken Gletsch–Oberwald und Selkingen–Naters, wo der Rotten wie vor Jahrtausenden durch die Felsen rauscht, darf er nur noch zwischen Susten und Sierre seinem ursprünglichen Bett folgen. Hier, zwischen dem Pfynwald im Süden und weiten Weinbergen im Norden kann er sich noch ungehindert ausbreiten – sehr gut zu sehen von der Straße aus, die nach Leuk führt. Von Sierre bis zum Genfer See fließt der Fluss in weiten, vom Menschen vorgegebenen Bögen bald an der rechten bald an der linken Seite talaus.

Von Anfang an waren die Walliser gezwungen, ihre Felder, Wiesen und später besonders die Weinberge zu bewässern. Das geschah in offen liegenden Wasserleitungen (deutsch »Suonen«, französisch »Bisses«), die das »Wässerwasser« oft aus kilometerweit entfernten Bächen heranführten. Die Geschichte dieser künstlichen Bewässerung reicht weit in die römische Zeit zurück, ist also mehr als 2000 Jahre alt. Schriftliche Zeugnisse walliserischer Wasserbaukunst gibt es erst aus dem 12. und 13. Jahrhundert. Die Technik, Wasser in hölzernen »Keneln« (Kanäle), das heißt in U-förmig ausgeschlagenen Baumstämmen, an senkrechten Wänden entlangzuführen, wurde durch römische Soldaten bereits im heutigen Serbien (Eisernes Tor an der Donau) wie in Nordafrika (Algerien, Aurès) angewandt. Ein Nachteil solcher Wasserleitungen im senkrechten Gelände war ihr geringes Fassungsvermögen. Vergrößerte sich die zu bewässernde Fläche durch Rodung, wurde das Wasser schnell knapp, und es mussten weitere Leitungen unter- oder oberhalb der ersten gebaut werden. Die Gemeinde Mund (Safrandorf) im Oberwallis bezog ihr Wasser aus dem Gredetschtal. Dort lassen sich neun übereinanderliegende Kenel nachweisen. Die längste Suon des Wallis ist mit 32 Kilometern Länge die Bisse de Saxon aus dem Nendaz-Tal. Jahrhundertelang machten vorstoßende Gletscher wiederholt alle höher gelegenen Wasserfassungen und damit auch die Leitungen unbrauchbar; sie mussten durch tiefer gelegte Wasserfuhren ersetzt werden.

*Suone oder Bisse – eine fast waagrecht geführte Wasserleitung an steilen Wandstufen.*

Aber das Wasser musste nicht nur an Felswänden entlang, sondern auch über steile Hänge, durch Wiesen und Wald geführt werden. Kalkmörtel war zwar schon bekannt, doch für »Wasserleiten« ist Kalk nicht geeignet. Was blieb also in einer Zeit, die Beton und Kunststoffe nicht kannte? Die natürliche Verbindung von Rasenziegeln mit Bruchsteinen: das »Tretschbord«. Baumaterial, das vor Ort reichlich vorhanden ist, also Rasen und Stein, wird dafür hochkant zu einer Mauer geschichtet und ausgiebig gewässert. Das Wurzelwerk des Rasens und aller benachbarten Pflanzen, Sträucher wie Bäume, entwickelt sich unter solch idealen Bedingungen rasant, füllt rasch die Hohlräume und umfasst die Steine, sodass ein extrem widerstandsfähiges Geflecht entsteht. Das anhaltend vorüberfließende frische Wasser nährt diese Pflanzen, die wiederum mit verstärktem Wachstum die Verfilzung des Rasens mit den Steinen vorantreiben. Eine wahrhaft »grüne« Technik, die von Gartenbau-Ingenieuren heute wieder angewandt wird. Um 1900, also zu Beginn des motorisierten Zeitalters, waren im Wallis noch 300 Hauptwasserleiten mit einer Gesamtlänge von 2000 Kilometern in Betrieb.

Jede Bisse wurde schließlich oberhalb des jeweiligen Ortes in viele kleinere, die »Rüüsa«, geteilt, um den einzelnen Höfen und ihren Wiesen die den Anteilsrechten entsprechende Wassermenge zuzuleiten. Das Wässerwasser wurde dafür mit einer Steinplatte nach einem genauen Plan gesperrt und freigegeben. In der steilen Welt des Wallis waren die Kenel ständig von Lawinen, Muren, Steinschlag und natürlichem Verschleiß bedroht. Wenn eine Wasserleite oder ein Kenelwerk durch ein Naturereignis unterbrochen wurde, meldete dies ein kleines Wasserrad, das bei normalem Betrieb einen hölzernen Schlaghammer gegen ein Brett, das »Taktbrett«, schlagen ließ: Verstummte diese immerwährende monotone Melodie, war jedem Dorfbewohner bewusst, dass kein Wasser mehr kam. Es musste also sofort nach der Ursache des Problems geforscht werden. Über ein Drittel des abgeleiteten Wassers ging ohnehin durch Verdunsten und Versickern verloren und war somit auf seinem kilometerlangen Weg für alle wassernahen Pflanzen und alle Tiere oft ein lebenswichtiges »Geschenk«.

## Stauseen und Wasserkraft

Im Wallis stehen nicht nur die meisten hohen Gipfel der Alpen, auch in der Nutzung der Bergwasser steht das Land an der Spitze. Die große Schweizer Kraftwerksgesellschaft Grande Dixence hat sich in einer 14-jährigen Bauzeit (1951 bis 1965) aller nur irgendwie erreichbaren Gletscher- und Bachwasser des Ober- wie des Unterwallis »bemächtigt« und diese in die verschiedenen Stauseen geleitet.

Das größte alpine Wasserkraftwerk mit den längsten Zuleitungs- und Ableitungsstollen, mit der höchsten Staumauer und der größten Effizienz steht im Unterwallis: die Grande Dixence. Mit ihren 285 Metern Höhe ist die Barrage, die den fünfeinhalb Kilometer langen Lac des Dix aufstaut, sogar die weltweit höchste Schwergewichts-Staumauer. Die Staumauerkrone hat von Talseite zu Talseite eine Länge von 700 Metern. Ein über 100 Kilometer langes Stollensystem mit zwischengeschalteten Pumpstationen leitet den Niederschlag von 420 Quadratkilometern Einzugsfläche (davon rund die Hälfte Gletscher) in den See. Er fasst 400 Millionen Kubikmeter. Die Grande Dixence ist ein gigantisches, ingeniöses Werk, ganz sicher eine hohen Gewinn abwerfende Investition und, zugestanden, ein Bauwerk, das eine relativ »saubere« und relativ ungefährliche Energiegewinnung praktiziert.

Im benachbarten Val de Bagnes staut eine gekrümmte Bogenmauer einen weiteren großen See: den Lac de Mauvoisin. Die 250 Meter Wandhöhe dieses Typs wird weltweit nur noch einmal übertroffen. Die schiere Größe der Mauer des Lac des Dix vermittelt einen Eindruck unerschütterlicher Festigkeit, dagegen wundert sich der Betrachter der Mauvoisin-Barrage, dass diese fragile Konstruktion dem enormen Druck standhalten kann – umso mehr, wenn er weiß, dass die gebogene Wand bei voller Belastung um einen ganzen Meter nach außen gedrückt wird!

Weitere große Stauwerke im Wallis sind der Lac d'Emosson, westlich des Col de la Forclaz nahe der französischen Grenze, der Mattmark-See im Schluss des Saastals, der Lac de Moiry im gleichnamigen Tal, der Lac de Cleuson im Val de Nendaz und der Lac de Tseuzier am Rawilpass, nebst einigen kleineren gestauten Seen.

Insgesamt werden etwa 60 Prozent des Schweizer Strombedarfs mit Wasserkraft erzeugt, der weitaus größte Anteil mit Walliser Anlagen. Attraktiv macht die Wasserkraft, dass in wenigen Minuten die volle Leistung als Spitzenstrom ins (länderübergreifende) Stromnetz eingespeist werden kann. Im Falle der Grande Dixence liegt die volle Leistung nach der jüngsten Modernisierung mit 2100 Megawatt im Bereich eines großen Kernkraftwerkes. Eine solche Möglichkeit, Spitzenstrom bei Bedarf zu erzeugen, spielt in der modernen Stromwirtschaft eine ganz wichtige Rolle, denn konventionelle Kraftwerke haben eine wesentlich längere »Reaktionszeit«. Wasserkraftwerke lassen sich aber nicht unbegrenzt unter Volllast fahren, da auch die Wasserreserven begrenzt sind. Dieser Einschränkung versucht man mit Pumpspeicherwerken zu begegnen – eine Technik, die ökonomisch ganz sicher attraktiv, ökologisch aber mehr als zweifelhaft ist. Dabei wird das in Zeiten hohen Bedarfs abgelassene Wasser in Becken aufgefangen und mit Grundlaststrom aus Kern- oder Kohlekraft wieder emporgepumpt. Dies geschieht während der Nacht, wenn der Tarif niedrig ist. Mit der Umgestaltung ganzer Talschaften für die Stromgewinnung und mit der Ableitung aller namhaften Bäche in Bereichen, die der Tourismus als »ursprünglich« bewirbt, hat diese Form der Wasserkraftnutzung durchaus auch dunkle Seiten, wenngleich wenig gefüllte Stauseen im Sommer einen wirkungsvollen Hochwasserschutz bilden. Alle großen Stauseen sind unterirdisch durch Leitungen verbunden und können im Ernstfall bedrohliche Hochwasser durch Umpumpen weitgehend verhin-

*Der größte Stausee der Schweiz, der Lac des Dix, mit dem Mont Blanc de Cheillon.*

dern. Fast immer sind aber die Seen aus marktwirtschaftlichen Gründen so gut gefüllt wie möglich.

Wie bei jeder Form der Energiegewinnung stehen sich – gerade in einer touristisch attraktiven Landschaft – auch bei der Wasserkraft Pro und Contra gegenüber. Es bleibt zu hoffen, dass gerade im Wallis touristische (und naturverträgliche) und merkantile Interessen sorgfältig abgewogen werden.

Für den Touristen wie den Bergwanderer haben diese Seen im Hochgebirge auch ihre positive Seite: Sie sind alle durch sehr gut ausgebaute Straßen erschlossen und ermöglichen damit manch großartige Tageswanderung im Hochgebirge. Postautos fahren im Sommer meist mehrmals täglich zu den Stauseen hinauf. Diesem durchaus beachtenswerten Pluspunkt steht mit den trockenliegenden Bach- und Flussstrecken unterhalb der Mauern der Verlust eines bezaubernden Naturerlebnisses gegenüber. Ganz zu schweigen vom Ende der ursprünglichen Fauna und Flora in den steinigen Wasserläufen. Die meisten dieser Seen brauchen das Schmelzwasser und die Niederschläge, die im Frühjahr und Sommer auflaufen, um die vorgebene Wasserhöhe zu erreichen. Im Frühsommer, bei niedrigem Wasserstand, beeinträchtigen die schmutzig braunen Ränder im Uferbereich die Schönheit der Landschaft.

Nachfolgend – ohne Anspruch auf Vollständigkeit – ein Überblick über die wichtigsten Attraktionen im Wallis (und in angrenzenden Regionen) – als Tipps für Tage ohne »Gipfelziel«:

**Thermalbäder** in Mörel/Breiten, Brigerbad, Leukerbad, Ovronnaz, Saillon les Bains, Val d'Illiez und Lavey les Bains.

**Freizeitparks:** Le Bouveret (Swiss Vapeur Park und Aquaparc), Champoussin/Val d'Illiez (Point Sud Parc Aventure, ein Abenteuerpark), Evionnaz (Labyrinthe Aventure) und Granges (Happyland).

**Wildwasser-Schlauchbootfahrten** in Le Bouveret, Sierre.

**Unterirdische Seen und Höhlen** in St-Léonard (Lac Souterrain), Anzère (Rawil) und St-Maurice (Grotte aux Fées).

**Gletscher-Eisgrotten** am Furkapass (Rhônegletscher), Zermatt (Kleinmatterhorn) und in Saas Fee (Feegletscher).

**Schluchten** bei Brig (Massa), am Simplonpass (Gondo), bei Susten/Agarn (Illgraben und Feschelklamm), im Val d'Anniviers (bei Pontis), bei Sion (Lizerne-Schlucht) und bei Martigny (Gorges du Durnand und Gorges du Trient).

**Gletschergarten** in Zermatt.

**Erdpyramiden** bei Euseigne.

**Talsperren** von Mattmark, Moiry, Dixence, Mauvoisin und Emosson.

**Mineraliensammlungen und geologische Ausstellungen** am Grimselpass, in Binn, Kippel (Bleibergbau), Zinal (Kupfermine), Les Haudères, am Col de Montets.

**Botanische Gärten** in Champex und Bourg-St-Pierre sowie am Col des Montets (Straße nach Chamonix).

**Alpenzoo** in Les Marécottes.

**Museen:** In zahlreichen Orten wurden in den vergangenen Jahren mit viel Sachkenntnis und Liebe zum Detail »Ortsmuseen« errichtet. Dabei handelt es sich um hochinteressante Sammlungen zu den verschiedensten Themen. Hier nur eine Auswahl: Höhlenmuseum (Chamosson), Alpmuseum (Crans-Montana, Colombire), Handwerk (Les Haudéres), Mühlen (St-Luc, Martigny), Heimatmuseum (Isérables, Grimentz, Praz de Fort, Vercorin u. a.); alpine Museen in Zermatt, Bern, Chamonix; Archäologisches Museum/Kunsthistorisches Museum/Naturhistorisches Museum in Sion; Observatorium in St. Luc; Weinmuseum in Sierre und Salgesch; Weinkellerbesichtigung mit Degustation (Weinprobe, Verkauf) in fast allen Weinorten; Automuseum in Martigny.

In vielen Orten finden außerdem **Veranstaltungen** statt (Konzerte, Vorträge, Exkursionen), auch Aufführungen in Freilichttheatern und Open-Air-Festivals stehen auf dem Programm.

Dazu gibt es allerorten Dorffeste, Umzüge und Prozessionen, Bergführerfeste, Alpaufzüge und Schäferfeste. Zu erwähnen sind auch die Ringkuhkämpfe, unblutige Kuh-Rangeleien mit Volksfestcharakter: Die stärkste Kuh wird Königin – für das Tier mit Achtung seitens ihrer Stall- und Weidegenossinnen, für den Besitzer mit Ansehen und oftmals hohen Preisen verbunden.

Dank exzellenter Verkehrsverbindungen sind auch **Ausflüge in die Nachbarländer** und -kantone sehr zu empfehlen:

– über den Nufenenpass ins Tessin (Postauto)

– über den Furkapass nach Andermatt (Matterhorn-Gotthard-Bahn), auch Dampfbahn Furka-Bergstrecke

– über den Grimselpass nach Meiringen und zum Brienzer See (Postauto)

– durch den Lötschberg zum Thuner See und nach Bern (BLS-Bahn)

– über den Simplonpass nach Domodossola, zum Lago Maggiore und Lago d'Orta (BLS-Bahn, Postauto)

– über den Grand St-Bernard nach Aosta (MO-Bus)

– über den Col de la Forclaz nach Chamonix (MC-Bahn)

– zum Genfer See (SBB).

## Walliser Wein

Wein aus dem Wallis ist außerhalb der Schweiz nur Kennern ein Begriff. Die Palette der Weine ist umfangreich, die Namen der einzelnen Rebsorten sind nicht allgemein bekannt, obwohl es die eine oder andere Sorte auch in anderen Gebieten gibt. Aus der Chasselastraube (auch Gutedel) wird Fendant gekeltert. Weitere Weißweine sind Johannisberg (Sylvaner oder auf Walliserisch »Rhin«), Muskat, Arvine und als eine Besonderheit der Heida (Gewürztraminer), eine sehr alte Walliser Sorte, die im Vispertal zu Hause ist. Erwähnenswert ist der Dôle, der durch das gemeinsame Keltern der Rebsorten Pinot Noir (Blauburgunder) und Gamay entsteht, die auch einzeln verarbeitet werden. Es werden aber zwischen den Rebbergen von Fully (469 m) und und denen des Vispertals (1180 m) zahlreiche alte und neue Sorten liebevoll gepflegt und entwickelt.

Verglichen mit deutschen oder französischen Weinbauflächen erscheinen die 4500 Hektar Walliser Reben unbedeutend. Noch vor 100 Jahren teilten sich 27 732 Rebbergbesitzer diese Fläche. Es hatte also jeder dritte Einwohner des Wallis einen Rebberg.

Die Rebpflanzungen liegen oft in einem unglaublich steilen Gelände, wo der Winzer beim Bau der Terrassen (Terroirs) mehr Bergsteiger als Weinbauer

*In der Region über Sion wachsen an südwärts gerichteten Hängen gut gepflegte Reben.*

ist. Der Einsatz von Maschinen ist dort meist nicht möglich. Allein der Arbeitsaufwand beim Anlegen der Terrassen nötigt höchste Bewunderung ab.

## Alpwirtschaft

Die meisten der 50 Touren im Unterwallis verlaufen im Gelände von Alpen (in Deutschland: Almen). Alpwirtschaft heißt: Kühe auf die Alp treiben, die zweimal am Tag gemolken werden müssen, deren Milch abtransportiert oder auf der Alp zu Käse verarbeitet wird – eine Arbeit, die sich pro Tag 12–14 Stunden hinzieht. Dafür braucht es Sennen, die ihr Fach verstehen und mit dem Vieh entsprechend umgehen. Diese Arbeit verlangt hohe körperliche Anstrengung: Aufstehen vor Sonnenaufgang, dann das Vieh zusammentreiben, anketten, melken, die Tiere auf die Weide treiben, anheizen, die Milch verarbeiten, zentrifugieren, buttern, käsen, Bestecke spülen, vormittags kommen die Kühe müde zurück in den Stall, Touristen kommen ebenfalls, Milch, Butter und Käse verkaufen, nachmittags die Herde auf eine andere Weide führen, Holz machen, Stall ausmisten, Tiere wieder holen, melken und in die Nacht entlassen, wieder spülen und die Milch verarbeiten. Dazu die Reparaturen am Gebäude, am Wasser, an den Wegen und vielfach noch Gras mähen und heuen für Zeiten, in denen es schneit (früher hatte jede Alp einen nahen umzäunten Bereich zum Heuen, in dem das Gras unbehelligt wuchs). Ein kaum zu bewältigender Katalog an Arbeiten! So ist es erstaunlich, dass man auf den Alpen im Sommer gelegentlich auf Menschen trifft, die einen normalen Beruf erlernt haben, gar akademische Bildung besitzen, die aber für ein paar Monate aussteigen wollen, die zurück zu den Ursprüngen möchten und dieses sicher nicht nur romantische Leben auf sich nehmen.

Und doch hält das Leben auf der Alp auch unvergleichlichen Zauber parat.

Die Stille des Abends, der Klang der Kuhglocken, der Sonnenuntergang mit dem Aufleuchten der weißen Bergspitzen, das klare, kalte Bachwasser, die Nähe der Tiere, das Ergebnis aus eigener Hände Arbeit: die warme Milch, die frische Butter und der junge Käse.

Ein Stück Walliser Alpkäse und ein paar Flaschen Wein gehören übrigens in das Gepäck eines jeden Wallis-Reisenden, der heimwärts fährt.

*In solch wunderschöner Umgebung (Alpe Lourantse, Tour 15) muss ein Käse zu höchster Reife gelangen.*

# Gorwetschgrat, 2093 m

**4.00 Std.**

**Rundweg zum Illgraben, dem wildesten Grabensystem der Alpen**

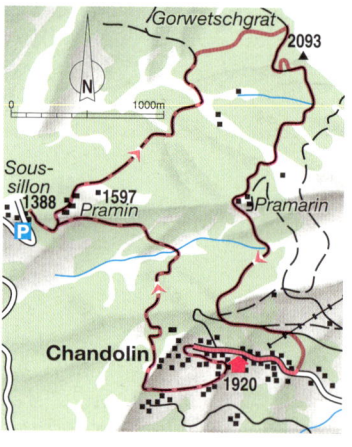

Die Wanderung verläuft im äußeren Teil des Val d'Anniviers vielfach im Wald und gewährt überraschende Fern- und Tiefblicke. Sie ist als Rundweg angelegt und präsentiert mit jedem Schritt neue Eindrücke. Sehenswert ist der Tiefblick in den ungeheuren, vegetationslosen Illgraben, ein Relikt aus den Eiszeiten. Die Erosion riesiger Mengen von Geschiebe und Lockermaterial hat dieses Grabensystem geschaffen. Neben diesem Ausblick ist der Abstieg von Chandolin nach Soussillon erwähnenswert. Er verläuft auf einem reizvollen, alten, jedoch dem Verfall preisgegebenen Steig, dem anzusehen ist, dass er in früherer Zeit oft benützt wurde.

**Talort:** Sierre (540 m), Bahnstation, Bus ins Val d'Anniviers; 3 km nach Niouc (902 m) zweigt ein Teersträßchen nach Soussillon ab.
**Ausgangspunkt:** Soussillon (1388 m), ein Weiler, der eigentlich nur aus Chalets besteht. Im Ort kaum Parkmöglichkeiten;

am besten stellt man das Fahrzeug vor den ersten Häusern am Straßenrand ab.
**Höhenunterschied:** 680 m.
**Anforderungen:** Unschwierige Wanderung, die ein wenig Orientierungssinn und Trittsicherheit verlangt.
**Einkehrmöglichkeiten:** In Chandolin.

In **Soussillon** bei einer Stange in der Mitte des Weilers rechts empor und auf einen Fußweg, der erneut rechts ansteigend weiterführt. Nach 15 Min. erreicht man eine Weggabelung: Rechts geht es nach Chandolin; wir jedoch halten uns nach links hinauf zur **Alpe Pramin** (1597 m). Wir queren

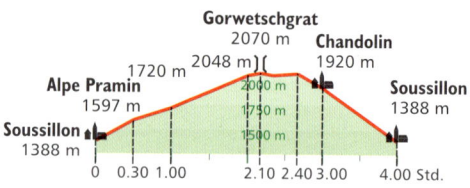

links an ihr vorbei, dann geht es ohne wesentlichen Höhengewinn ungefähr eine halbe Stunde durch Wald den Hang entlang. Der Weg wird schließlich zu einem

*Blick über den Illgraben zum Gorwetschgrat. Dahinter Rinderhorn und Altels, Balmhorn.*

schmalen Steig, ehe spärliche, blaue Markierungen in einem Tälchen steil empor zu einer Forststraße führen. Dieser folgen wir in lichtem Lärchenwald rechts (südlich); nach zwei Serpentinen zweigt links ein Pfad ab, der nach nur 25 Höhenmetern am **Gorwetschgrat** – etwa 30 m unter dessen höchstem Punkt – den Abbruch in den Illgraben erreicht. Dort erwarten uns ungeheure Tiefblicke in den wüsten Einschnitt und hübsche Ausblicke zu den jenseits der Rhône aufragenden Berner Alpen.

Zurück an der Straße begeben wir uns in leicht fallender Hangquerung nach **Chandolin**. Vorbei an der Liftstation gelangen wir hinab zur Kirche. Unterhalb des Gotteshauses wenden wir uns nach Nordwesten bis zu einer Weggabelung: Links geht es nach Fang, rechts nach Soussillon. Dieser alte Weg führt an steilen Flanken entlang tiefer, quert Felsstufen und mündet schließlich unterhalb der **Alpe Pramin** auf den bereits bekannten Weg, der uns nach **Soussillon** zurückbringt.

### Hoch über dem urweltlichen Illgraben

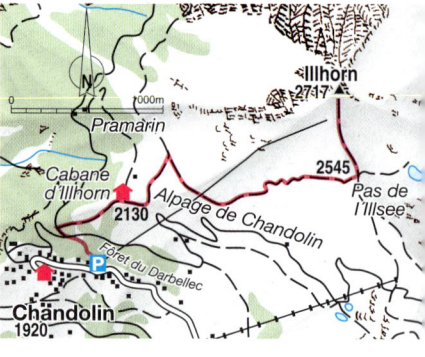

Das Illhorn als vorgeschobener Gipfel, 2000 m über dem Rhônetal, gewährt eine überwältigende Sicht auf Walliser und Berner Alpen sowie in die Täler, vor allem aber in den einzigartigen Illgraben. Südöstlich unter dem Gipfel liegt der malerische Illsee eingebettet. Der Aufstieg von Chandolin zum Illhorn über die sonnigen Südwesthänge könnte wegen der sich bei jedem Schritt erweiternden Aussicht ein sich zunehmend steigerndes Erlebnis sein – wären da nicht die Ski-Erschließungen. Der schmale Weg führt über die baumlosen Hänge immer wieder auf Straßen und Pisten sowie an Liftmasten vorbei. Die Antwort auf die berechtigte Frage, weshalb eine solche Wanderung in unseren Führer aufgenommen wurde, lautet: wegen der ganz und gar beispiellosen Rundsicht und wegen eines unvergleichlichen Tiefblicks.

**Talort:** Sierre (540 m), Bahnstation.
**Ausgangspunkt:** Chandolin (1920 m), das höchstgelegene Kirchdorf des Wallis. Von Sierre (SBB-Station) aus auf einer guten Straße durch das Val d'Anniviers erreichbar (mit dem Postauto). Zahlreiche Parkmöglichkeiten in der Ortschaft, am besten an der Talstation der Sesselbahn (1979 m).
**Höhenunterschied:** 800 m.
**Anforderungen:** Leichte Wanderung auf markierten Wegen.
**Einkehrmöglichkeiten:** Cabane d'Illhorn (2130 m), Tel. 027/4751178.

Vom Parkplatz in **Chandolin** zum Seilbahngebäude und dahinter rechts empor zum Beginn der Piste. An ihr entlang gewinnen wir zunächst im Wald an Höhe, bis nach rechts ein Weg zur **Cabane d'Illhorn** abzweigt. Bis zu dieser Unterkunft führt der Weg durch lockeren Lärchen- und Arvenwald. An der Hütte vorbei und auf schmalem Pfad nordöstlich aufwärts über die weiten Hänge der **Alpage de Chandolin**. Später unter dem Seil des in Gipfelrichtung verlaufenden Liftes östlich weiter, wobei die landschaftlichen Wunden des Pistenskilaufs allgegenwärtig sind. Auf etwa 2350 m geht es dann genau nach Osten und auf den tiefsten Punkt des Grates zu, auf den **Pas de l'Illsee** (2545 m; nicht zu verwechseln mit dem etwa einen Kilometer

*Blick vom Gipfel auf Bietschhorn und Nesthorn.*

südöstlich liegenden Illpass, 2482 m). Nun auf dem begrasten Felsrücken genau nördlich empor zum Gipfel des **Illhorns**, den ein Felsspalt teilt. Hier genießen wir den berühmten Ausblick zur Gipfelkette der Berner Alpen mit dem Bietschhorn als herausragenden Gipfel. Im Süden beherrschen Weisshorn, Obergabelhorn und Matterhorn die Szenerie; weit im Westen ist das Mont-Blanc-Massiv zu erkennen, rechts davon die Gipfelkrone der Dents du Midi. Eine außergewöhnliche Sehenswürdigkeit jedoch stellt der Blick in den wüsten,
beinahe vegetations-
losen Illgraben dar,
der fast 2000 m tief
unter uns liegt.
Der Rückweg nach
**Chandolin** erfolgt
auf dem Anstiegs-
weg.

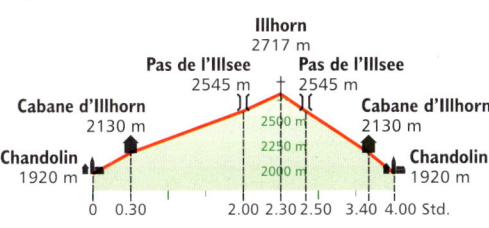

**Abwechslungsreiche Wanderung hoch über dem Val d'Anniviers**

*Ein Weg voll Überraschungen und ständigem Wechsel der Landschaft: lichte Waldstücke, schöne Einzelbäume, alte Wasserleitungen (Suonen) und Alpweiden mit großartiger Aussicht, dazu Blicke in den Kessel von Zinal und ins Val de Moiry. In St-Luc führt ein interessanter Planetenweg von der Bergstation Tignousa zum Hotel Weisshorn. In Ayer liegt an der Südseite der Kirche Georg Winkler, abgestürzt in der Weisshorn-Westwand, begraben.*

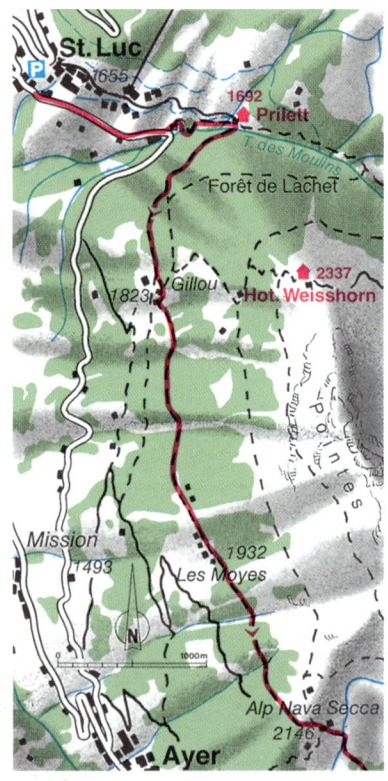

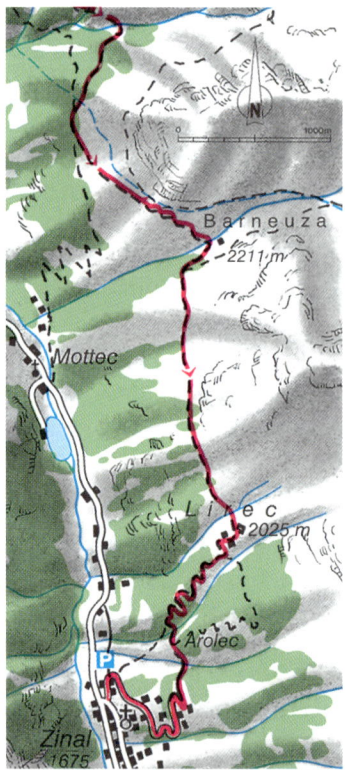

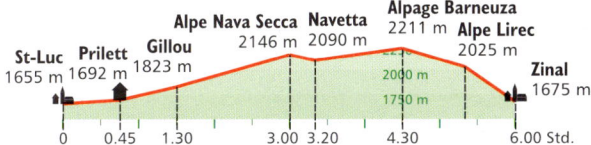

**St-Luc** 1655 m    **Prilett** 1692 m    **Gillou** 1823 m    **Alpe Nava Secca** 2146 m    **Navetta** 2090 m    **Alpage Barneuza** 2211 m    **Alpe Lirec** 2025 m    **Zinal** 1675 m

2000 m
1750 m

0   0.45   1.30    3.00 3.20    4.30     6.00 Std.

**Talort:** Vissoie (1204 m), Hauptort im Tal.
**Ausgangspunkt:** St-Luc (1655 m), Ferienort auf einer Höhenterrasse; Standseilbahn zur Bella Tola. Postauto-Verbindung mit Sierre über Vissoie (etwa 7 Verbindungen tägl., 45 Min. Fahrzeit, 30 km). Parkmöglichkeit: an der vorletzten Kehre unter dem Dorf (Wegweiser: »Ayer«) ein paar Meter rechts, links Parkplatz.
**Höhenunterschied:** 610 m.
**Anforderungen:** Vielseitige Wanderung, die etwas Ausdauer erfordert.
**Einkehrmöglichkeit:** Café Prilett (1692 m), Tel. 027/4751155.

Vom Parkplatz unterhalb von **St-Luc** in 15 Min. auf der Straße Richtung Ayer in den Winkel des Tals. Bei einer Wasserfassung links steil auf schönem Pfad höher zum **Café Prilett**. Nun auf einer Forststraße über den Bach und durch Wald zu den Alphütten von **Gillou** (1823 m). Hinunter zu den Hütten (Wegweiser) und auf dem oberen Weg südlich weiter leicht steigend, mal durch Wald, mal über freie Flächen, die Hütten von Les Moyes rechts unten liegen lassend, zur **Alpe Nava Secca** (2146 m). Auf der schmalen Forststraße wenig bergab und nach 5 Min. abzweigend in südöstlicher Richtung auf hübschem Pfad (Hütte **Navetta**) zum Bach. Durch Grünerlen-Gebüsch empor zu den Wiesen von **Barneuza**. Wenig später folgt die Hütte mit ihrem herrlichen Blick in den Kessel von Zinal. Weiter in einem kleinen Tälchen (Wasserableitung) und nun genau südwärts, ständig fallend, bis zum Punkt 2025 m oberhalb von Zinal. Auf einem unangenehm ausgewaschenen Pfad tiefer, dann zwei Bachverbauungen querend und auf der Teerstraße nach **Zinal**.

*Auf dem Weg nach Zinal zeigt sich die Nordseite des Matterhorns. Links verläuft der Hörnligrat.*

### Schaukanzel hoch über dem Val d'Anniviers

*Der Roc de la Vache zählt zu den großartigsten Aussichtsplätzen über dem Val d'Anniviers. Besonders zu erwähnen sind hier die Blicke auf den wild zerklüfteten Mominggletscher mit dem spitzen Zinalrothorn und auf den dunklen Felszahn des Besso sowie in die Nordostflanke der Dent Blanche. Eine sehr lohnende und dabei nicht allzu anstrengende Tagestour!*

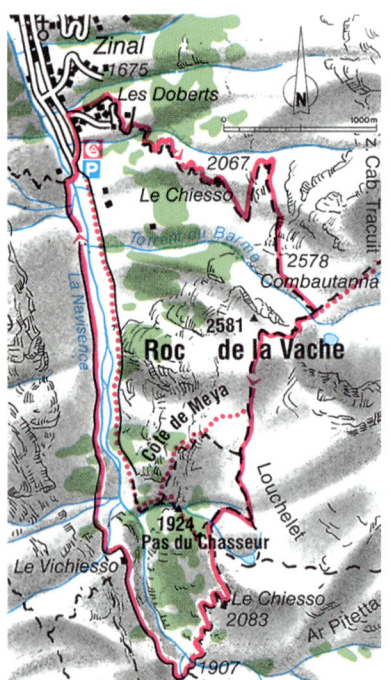

**Talort, Ausgangspunkt:** Zinal (1675 m), höchstgelegener Ort im Val d'Anniviers. Postauto-Verbindung mit Sierre (ungefähr 7 Verbindungen täglich, ca. 1 Std. Fahrzeit, 36 km). Parkmöglichkeiten bestehen am Straßenende südlich von Zinal; der Fahrweg weiter taleinwärts ist für private Kfz gesperrt.

**Höhenunterschied:** 910 m.

**Anforderungen:** Gut angelegte, markierte und unschwierige Wege – unter der Combautanna allerdings in recht steilem Gelände.

**Einkehrmöglichkeit:** Unterwegs keine Einkehrmöglichkeit; die Petit-Mountet-Hütte lässt sich jedoch vom Abfluss des Zinalgletschers in gut 30 Min. erreichen (siehe auch Tour 5).

**Varianten:** Abstecher zur Cabane de Tracuit (Tracuithütte; SAC-Hütte, im Sommer bewirtschaftet). Für diese Variante sollte man zeitig aufbrechen, da der Schlussanstieg im Südhang der Diablons bei Sonnenhitze leicht Backofencharakter annimmt (zusätzlich 2 Std. Aufstieg). Im Bereich von Louchelet führen zwei steile Abstiegsvarianten (über die Côte de Meya bzw. den Pas du Chasseur) direkt zur Navisence hinab. Sie sind teilweise ziemlich ausgesetzt und deshalb nur geübten und trittsicheren Bergsteigern zu empfehlen.

Die Abzweigung von der Talstraße am südlichen Ortsende von **Zinal** wird mit einem Wegweiser markiert; eine Fahrstraße führt in einigen Kehren zwischen neugebauten Häusern (Les Doberts) zum untersten Ausläufer der **Tracuit-Alpe**, dann leitet ein Weg über eine Lawinenrinne hinweg und zieht

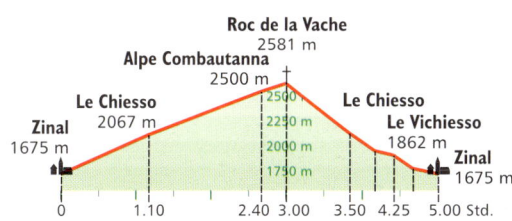

*Blick von Sorebois (siehe Tour 6) auf Roc de la Vache (Bildmitte) und Weisshorn-Kette.*

nach **Le Chiesso** (2067 m) hinauf. Das Gelände oberhalb wird nun steiler und felsdurchsetzt, jedoch in einer bequemen Schleife von links her zum Wildbach Torrent du Barmé überwunden. Wo das Gelände bei der **Alpe Combautanna** wieder verflacht, zweigt man vom Tracuithütten-Weg nach rechts ab, überquert einen Bach auf einer Brücke nach Süden und steigt kurz zum **Roc de la Vache** an.

Abstieg über Ar Pitetta ins Val d'Anniviers: in genau südlicher Richtung vom Roc auf deutlichem Pfad über die Wiesenhänge nach **Louchelet** und weiter über **Le Chiesso** (2083 m) hinab, zuletzt in kurzen Kehren und durch den lichten Lärchenwald bis zum großartigen Zusammenfluss der Wildbäche vom Zinal- und Momingletscher. Hier findet man eine Brücke zum anderen Ufer, wo man auf einen Fahrweg trifft. Dieser quert mit kurzem Aufstieg nach

**Le Vichiesso** und führt danach hinunter zur großen Schwemmebene der Navisence südlich von **Zinal**, welches man dann in ungefähr 20 Min. erreicht.

Roc de la Vache
2581 m

Alpe Combautanna
2500 m

Le Chiesso
2067 m

Zinal
1675 m

Le Chiesso
2250 m

Le Vichiesso
1862 m

Zinal
1675 m

2500 m
2250 m
2000 m
1750 m

0    1.10    2.40 3.00    3.50 4.25    5.00 Std.

### Hüttentour in einen grandiosen Gletscherkessel

*Der Zinalgletscher-Kessel zählt zu den besonderen Schaustücken der Walliser Alpen; nicht unendlich weite Gletscherfelder wie am Gornergrat, sondern ein über steile Stufen mit Bruch- und Sérac-Zonen herabfließender Gletscherstrom bestimmt hier die Szenerie. So stellt man sich die Westalpen vor, und dies ohne die Menschenmassen an renommierten Aussichtsplätzen. Die Cabane du Mountet ist eine weit abgelegene Hütte; da die umgebenden Viertausender von hier nur auf anspruchsvollen Wegen zu erreichen sind, ist sie selten überfüllt. Daher kann hier auch dem Hüttenwanderer eine Übernachtung durchaus empfohlen werden (trotzdem vorher telefonisch anmelden). Übernachtungen auf den speziellen »4000er-Hütten« sind für den Wanderer wegen gelegentlich drangvoller Enge ansonsten eher eine abschreckende Angelegenheit.*

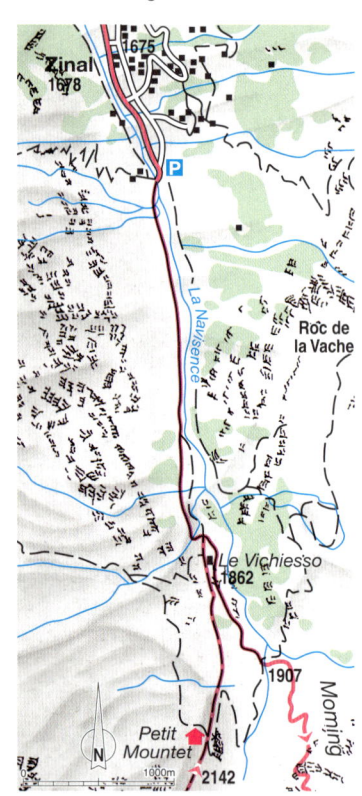

**Talort, Ausgangspunkt:** Zinal (1675 m), letzter Ort am Ende des Val d'Anniviers. Postauto-Verbindung mit Sierre (ca. 7 Verbindungen täglich, ca. 1 Std. Fahrzeit, 36 km). Parkmöglichkeiten am Straßenende südlich von Zinal; der weitere Fahrweg taleinwärts ist für Privat-Kfz gesperrt.
**Höhenunterschied:** 1210 m.
**Anforderungen:** Guter, markierter Steig; Ausdauer, zuverlässige Witterung und Trittsicherheit sind wichtig. Rückkehr-Variante: Zum Gletscher auf 50 Hm sehr steil im Moränenhang hinab (Fixseile); die Gletscherquerung ist gut markiert, am Westufer-Weg durch teilweise sehr steile Flanke, ausgesetzt! Erfahrung, Trittsicherheit und Schwindelfreiheit unbedingt nötig.
**Einkehrmöglichkeiten:** Cabane du Mountet (bew. von Juli bis September; Telefon: 027/4751431). Petit-Mountet-Hütte, bew. von Juli bis September, im Juni und Oktober an den Wochenenden, 40 Plätze (Tel. 027/4751380).

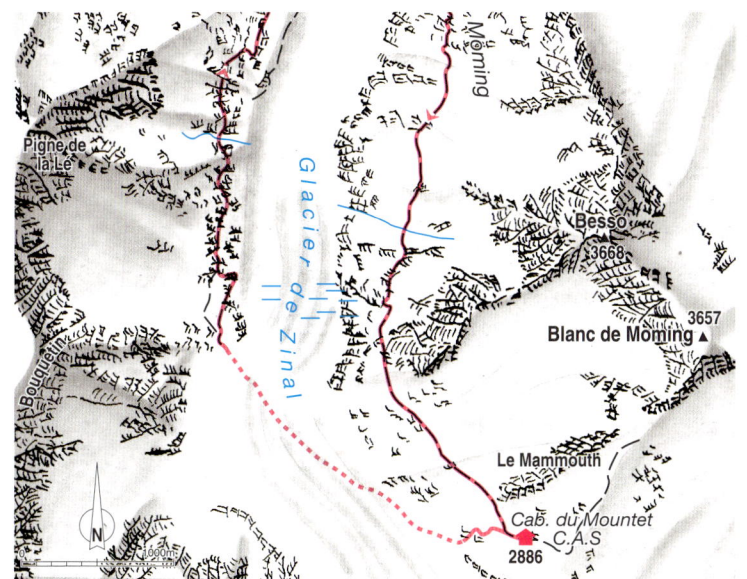

Vom Parkplatz am Südende von **Zinal** geht man über die Brücke und folgt dem Fahrweg am westseitigen Ufer der Navisence nach Süden bis zum Beginn der Steigung. Man bleibt auf dem Fahrweg, der über die Schlucht zur Alphütte **Le Vichiesso** (1862 m) ansteigt. Kurz darauf zweigt nach rechts der Weg nach Petit Mountet und zur Westseite des Gletschers ab; wir steigen aber links auf dem Fahrweg in den Talgrund ab. Der Abfluss des Zinalgletschers wird auf einer Brücke überquert, worauf man zur Abzweigung Richtung Tracuit- bzw. Ar-Pitetta-Hütte gelangt (ca. 1½ Std.). Man nimmt den rechten Weg und steigt südostwärts in Serpentinen den Hang von **Moming** an. Hoch über den Felsabbrüchen zum Zinalgletscher quert der Ostufer-Hüttenweg auf Wiesen- und Schotterhängen die Westflanke des Besso, wobei einige Runsen ausgegangen werden müssen. Am Besso-Südwestgrat geht es über die felsige Zone kurz steiler hinauf (Drahtseil), dann queren wir in Richtung Südosten über Blockfelder zur **Cabane du Mountet**.

Ob man nun am gleichen Tag wieder ins Tal absteigt oder auf der Hütte übernachtet, sollten die Tageszeit und der konditionelle Zustand mitentscheiden, es sind immerhin gut 4 Std. Gehzeit für die Rückkehr einzuplanen. Vor dem Abstieg zur Gletschertraverse sollte man den Wirt nach den Verhältnissen befragen, im Zweifelsfall kehrt man am Aufstiegsweg zurück.

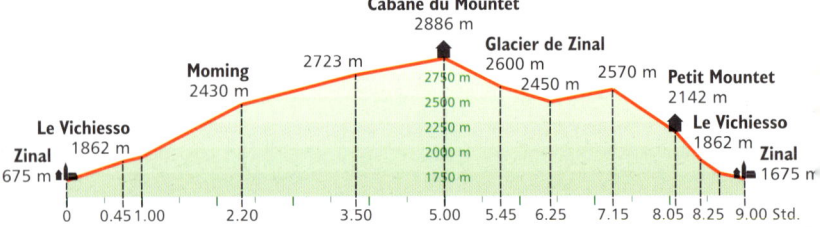

Cabane du Mountet
2886 m

Glacier de Zinal
2600 m

Petit Mountet
2142 m

Moming
2430 m

2723 m

2570 m

2450 m

Le Vichiesso
1862 m

Le Vichiesso
1862 m

Zinal
1675 m

Zinal
1675 m

2750 m
2500 m
2250 m
2000 m
1750 m

| 0 | 0.45 | 1.00 | 2.20 | 3.50 | 5.00 | 5.45 | 6.25 | 7.15 | 8.05 | 8.25 | 9.00 Std. |

Von der Hütte steigt man nach Westen steil zum **Zinalgletscher** ab, zuletzt sehr steil und mit Seilen versichert durch den Moränenhang, und geht nahe dessen rechtem Rand gut einen Kilometer leicht bergab; der Gletscher biegt hier nach rechts ab und bildet darunter eine große Bruchzone. Um den Gletscher zu queren, behält man hier die bisherige Richtung bei und erreicht so das gegenüberliegende »Ufer« am Ende einer von den Bouquetins herabziehenden Felsrippe (Markierung). Es folgt ein 150-m-Aufstieg auf dem Westufer-Hüttenweg. Nun auf den Hängen unter der Pigne de la Lé und dann wieder abwärts zur **Petit-Mountet-Hütte** und – nach verdienter Stärkung – auf dem guten Talweg weiter. Bei der Alp **Le Vichiesso** trifft man wieder auf den Anstiegsweg, auf dem wir nach **Zinal** zurückkehren.

*Unten: Die Cabane du Mountet – hier lässt es sich gut aufkochen. Rechts: Blick von der Petit-Mountet-Hütte auf Pointe de Zinal und den unteren Teil des Glacier du Mountet.*

## Klassischer Höhenpfad mit prachtvollem Viertausender-Blick

*Der Kessel von Zinal gilt wegen der ihn umgebenden Viertausender als eines der Schaustücke der Alpen. Die Wanderung von der Bergstation Sorebois über die Alpe La Lé ins Val d'Anniviers hinab und nach Zinal zurück bietet interessante Ausblicke auf die Westseiten von Weisshorn und Zinalrothorn (siehe auch Abb. S. 35), dazu auf Obergabelhorn, Matterhorn und Dent Blanche.*

**Talort:** Zinal (1675 m); Busverbindung von Sierre durch das Val d'Anniviers (ca. 7 Verbindungen täglich, ca. 1 Std. Fahrzeit, 36 km).

**Ausgangspunkt:** Bergstation Sorebois (2438 m) der Seilbahn von Zinal; viel besucht und beliebt; Startpunkt für Gleitschirm- und Drachenflüge. Parkmöglichkeiten an der Talstation.

**Höhenunterschied:** 910 m im Abstieg.

**Anforderungen:** Leichte Wanderung auf gut angelegtem Steig, zunächst eben und ohne erwähnenswerte Höhenunterschiede, später nur mehr absteigend und zum Schluss brettebene Wanderung im Talboden der Navisence.

**Einkehrmöglichkeiten:** Bergstation Sorebois, Petit-Mountet-Hütte, bew. von Juli bis September, im Juni und Oktober an den Wochenenden, 40 Plätze (Tel. 027/4751380).

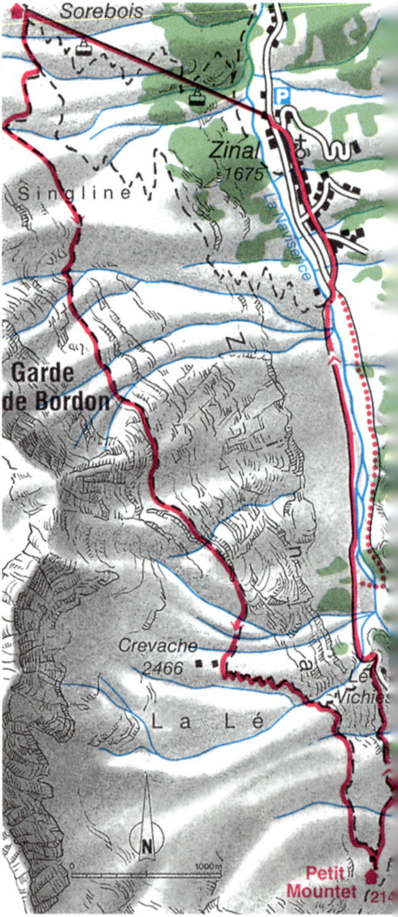

Von der Bergstation **Sorebois** der Seilbahn über Wiesen südlich, einige Skipisten querend, ins Tal **Torrent des Rochers**; weiter durch die großartige Hochgebirgslandschaft unter der Garde de Bordon, den zahlreichen Einschnitten und Schutt-

40

*Mit rauschenden Wasserfällen stürzen die Gletscherabflüsse ins Tal der Navisence.*

feldern folgend, auf die großen Wiesenflächen von **Crevache** (2466 m) – ein hinreißend schöner Rastplatz mit überwältigender Rundsicht. Hier beginnt der steile und schlechte Weg bis hinunter auf 2240 m Höhe. An der dortigen Wegteilung steigen wir nicht geradeaus weiter direkt in den Talboden ab, sondern halten uns rechts zur **Petit-Mountet-Hütte** (2142 m).

Der Rückweg verläuft entweder auf einem neugebauten Versorgungsweg oder über den schönen Pfad durch den Wald zur Alp **Le Vichiesso**. Von dort geht es hinab in den Talboden und anschließend auf den Fahrwegen links oder rechts der Navisence zurück nach **Zinal**.

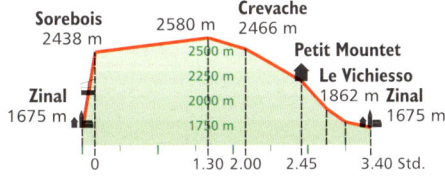

### Überraschend leicht zu erreichende Hochgebirgshütte

*Nach den Stauseen von Dixence, Mauvoisin und Mattmark ist der Lac de Moiry die viertgrößte Stauanlage auf der Schweizer Seite der Walliser Alpen. Wasserkraft gehört unbestritten zu den saubersten Formen der Energiegewinnung, aber ohne Eingriffe in den Naturhaushalt funktioniert auch dies nicht. Doch auch der Urlauber profitiert von diesen Bauten, andernfalls wären verschiedene Hochgebirgstäler ganz sicher nicht so leicht erreichbar. Die Moiryhütte thront hoch über dem gleichnamigen Gletscher, entsprechend beeindruckend ist die Aussicht, insbesondere auch wegen der wilden Gletscherbrüche.*

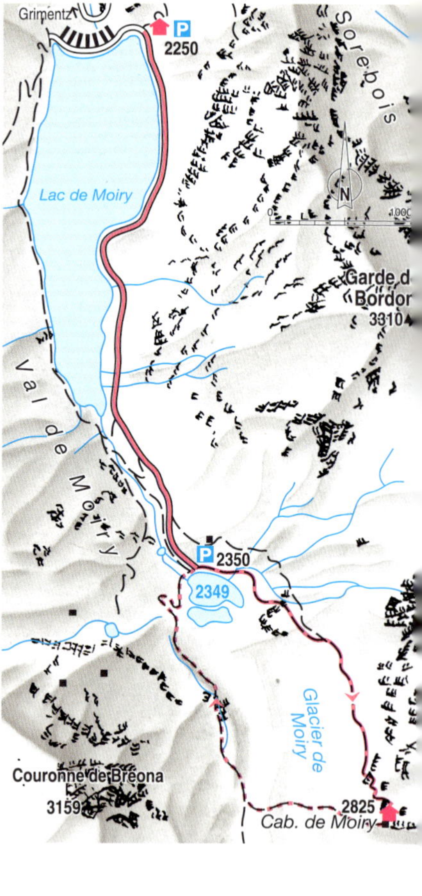

**Talort:** Grimentz (1564 m); für nähere Angaben zum Ort siehe Tourenvorschlag 8.

**Ausgangspunkt:** Oberer Gletschersee (über dem Moiry-Stausee); eine gute Straße führt von Grimentz zur Staumauerkrone des Lac de Moiry hinauf, dann an dessen Ost-Ufer entlang bis zum Parkplatz am oberen Gletschersee auf 2349 m. Postautoverbindung von Juni bis Oktober von Grimentz zwischen etwa 9 und 17 Uhr. Die Fahrstraße wird nach Räumung im Juni bis zu den ersten größeren Schneefällen im Herbst freigehalten.

**Höhenunterschied:** 480 m.

**Anforderungen:** Guter und markierter Gebirgsweg.

**Einkehrmöglichkeiten:** Cabane de Moiry (SAC, bewirtschaftet von Anfang/Mitte Juli bis etwa Mitte/Ende September, ungefähr 90 Übernachtungsplätze, Tel. 027/7781384).

**Variante:** Abstieg über den Gletscher für sehr trittsichere Geher und nur bei aperem Gletscher und guter

*Die Moiryhütte steht in einer hochalpinen Umgebung. Im Hintergrund ragt die Nordflanke der Pointes de Mourti auf.*

Sicht! Ein kleiner Pfad führt von der Hütte direkt nach Westen zum Gletscher hinab, unten muss man sich teilweise über den sehr steilen Moränenhang zwischen großen Blöcken die letzten Meter zum Gletscherrand »hinunterschwindeln« (Vorsicht, keine Steine lostreten, wenn andere Leute sich darunter befinden!). Den Gletscher quert man gerade zum gegenüberliegenden »Ufer«, dort einige Spalten. Dann auf Wegspuren zum Moränenkamm und dort auf gutem Weg talwärts, im unteren Abschnitt kommt man dabei durch ein wunderschönes Moränentälchen.

Vom Parkplatz am **Moiry-Stausee** mit dem kleinen Kiosk folgt man dem breiten Fußweg, der ostseitig über dem See ansteigt und über leicht hügeliges Wiesengelände zu den Moränenkämmen am Moirygletscher führt. Nur kurz bleibt man auf dem schärfer werdenden Moränenkamm, dann quert der Weg bergseitig ein kleines Tälchen und führt direkt den Felsen entlang an den steilen Aufschwung, auf dessen oberem Absatz die Hütte schon seit Beginn der Wanderung zu sehen ist. In einer Vielzahl von Serpentinen, aber schneller als erwartet steigt man zur **Cabane de Moiry** auf.

Von der Hütte aus lassen sich leider keine Unternehmungen starten, alle umliegenden Gipfel sind nur über Fels- und Eisrouten zu ersteigen; allenfalls kann man ein paar Meter auf dem Steiglein durch die steile Flanke zum Gletscher aufsteigen, um den Brüchen noch etwas näher zu kommen.

Der Rückweg erfolgt auf dem Anstiegsweg oder auf der Variante über den Moirygletscher.

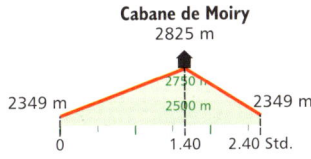

Cabane de Moiry
2825 m

2750 m

2349 m     2500 m     2349 m

0          1.40     2.40 Std.

## 8 · Sasseneire, 3254 m

*Aussichtspunkt zwischen dem Val d'Anniviers und dem Val d'Hérens*

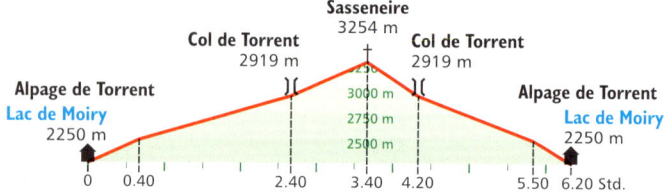

Sasseneire
3254 m
Col de Torrent
2919 m
Col de Torrent
2919 m
Alpage de Torrent
Lac de Moiry
2250 m
Alpage de Torrent
Lac de Moiry
2250 m

3250
3000 m
2750 m
2500 m

0    0.40    2.40    3.40  4.20    5.50  6.20 Std.

Der Sasseneire gewährt freie Rundsicht über das ganze westliche Wallis und die Berner Alpen, doch auch ohne Gipfelbesteigung bleibt diese Wanderung eine sehr lohnende Unternehmung, eröffnet doch der Col de Torrent eine überraschend gute Rundsicht. Gerne wird diese Wanderung mit einem Abstieg vom Col nach Villa oberhalb von Evolène fortgesetzt, auch hier sehr gute Wege. Der Talort Grimentz ist ein typisches, besonders gepflegtes Walliser Bergdorf. Eine gute Straße führt hinauf bis zum Lac de Moiry. Der See ist nicht so groß wie die westlichen Nachbarn (Dix- und Mauvoisin-Stausee), aber mit seiner 150 m hohen, oben fast senkrechten Staumauer dennoch äußerst eindrucksvoll.

**Talort:** Grimentz (1564 m), am Beginn des Val de Moiry wenig oberhalb der Abzweigung vom Val de Zinal gelegen. Postauto-Verbindung mit Sierre über Vissoie (7 Verbindungen täglich, Fahrzeit etwa 1 Std., 31 km), zusätzlich verkehrt im Hochsommer ein Pendelbus zwischen Vercorin, Vissoie, Grimentz und Zinal.
**Ausgangspunkt:** Lac de Moiry, Staumauerkrone (2250 m); eine gute Straße führt von Grimentz herauf; Postauto-Verbindung von Juni bis Oktober. Parkmöglichkeit an der Staumauerkrone.
**Höhenunterschied:** 1010 m.
**Anforderungen:** Zum Col de Torrent einfache Wanderung auf guten, nicht zu steilen Wegen. Gipfelanstieg nur für trittsichere Bergsteiger bei guten Verhältnissen!
**Einkehrmöglichkeit:** Restaurant am Lac de Moiry (geöffnet im Sommer).

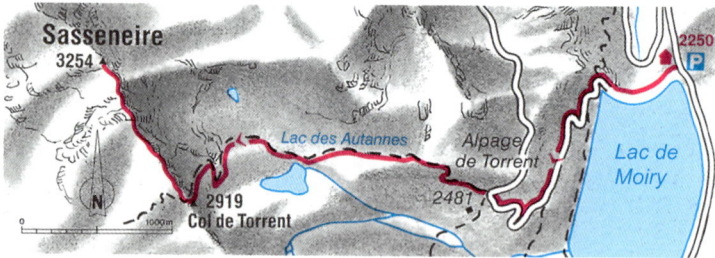

Aufstieg zum Col de Torrent: Vom Parkplatz am **Lac de Moiry** überquert man die Staumauer nach Westen, wo ein kleiner Fahrweg in kurzen Kehren zum Moiry-Almgelände und der **Alpage de Torrent** (2481 m) führt. Der Fahrweg zieht nun nach Norden zur Basset de Lona weiter, ein Wegweiser zeigt aber unseren Weg zum Col de Torrent an, der zunächst in nur mäßiger Steigung durch das Rasengelände zu dem herrlichen **Lac des Autannes** leitet. Nach dem Durchqueren dieser kleinen Ebene steigt der Weg in zwei ausgeprägten Serpentinen zum **Col de Torrent** hinauf (2919 m).

Gipfelanstieg zum Sasseneire: Wegspuren führen auf der Westseite des Gratrückens etwas mühsam durch Schotterfelder aufwärts und umgehen damit einige kleine Gratfelsen. Auch der Grat selbst kann auf Wegspuren begangen werden, allerdings mit Abstieg über eine drei Meter hohe Fels-stufe (leichte Kletterstelle, I). Die deutlichen Spuren führen ohne weitere Schwierigkeiten in schuttbedecktem Gelände bis zum **Sasseneire**.

Der Abstieg erfolgt auf dem Anstiegsweg.

*Über dem Lac des Autannes ragen die Gletscherberge um die Moiryhütte empor.*

### Stilles Seitental mit herrlichen Wasserleitungen bei Vercorin

Das Val der Réchy ist ein wunderbar ruhiges Tal, das aus seinem weiten oberen Boden mit einer Steilstufe nach Norden hinabführt. Von der Crêt du Midi hat man eine hübsche Rundschau zum Weisshorn und über das Rhônetal zu den Berner Alpen. Nicht besonders schön sind aber die unübersehbaren Narben der totalen Skierschließung in Crans-Montana. Man muss sich fragen, ob dies tatsächlich die einzig mögliche Überlebenschance für Alpendörfer in der Zukunft sein kann? Vercorin jedenfalls hat einen anderen Weg eingeschlagen: kein großzügiger Ausbau des Liftgebietes, stattdessen Ausweisung des Val de Réchy als Naturschutzgebiet. Man kann nur hoffen, dass sich dieser Weg letztlich als wirklich zukunftweisend erweisen wird – und wir Gäste in diesem schönen Land sollten das nach Kräften unterstützen!

**Talort:** Vercorin (1322 m). Straße und Seilbahnverbindung von Chalais (Rhônetal), halb- bis viertelstündlich zwischen etwa 6.30 und 21.30 Uhr.
**Ausgangspunkt:** Crêt du Midi, Bergstation der Bahn (2332 m), die von Vercorin über Sigeroula zum Gipfel führt.
**Höhenunterschied:** 1010 m im Abstieg.
**Anforderungen:** Bis auf das allererste Wegstück gute Wanderwege, teils auch auf Almstraßen.
**Einkehrmöglichkeit:** Gipfelstation auf der Crêt du Midi.

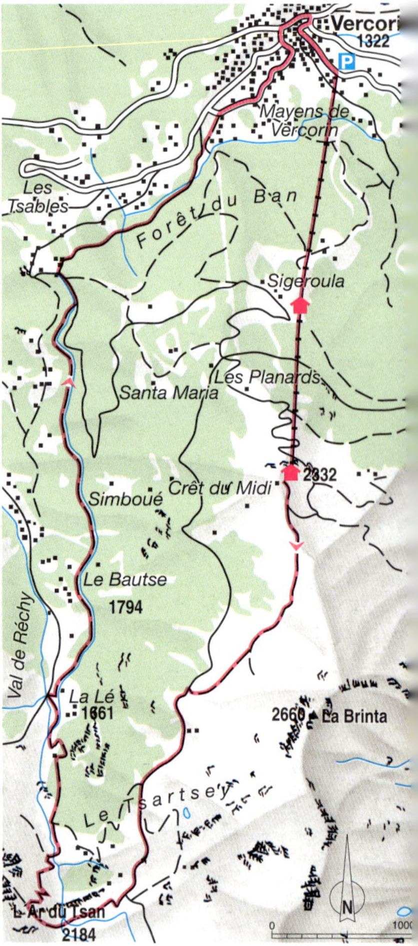

46

Man muss nicht die Seilbahn zur Crêt du Midi nehmen, doch dann stehen 1000 m Aufstieg, teils über Skipisten, bevor – gut 3 Std. mehr, die aus der bequemen Wanderung eine anstrengende Tour machen.

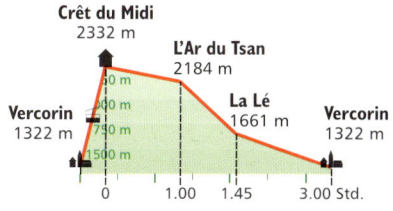

Von der **Gipfelstation** geht man kurz südwärts in eine kleine Einsattelung und verlässt dann den Kamm zur La Brinta nach rechts, um ganz leicht abwärts fast an der Baumgrenze entlang zu einer Alpstraße zu queren. Beinahe eben weiter taleinwärts, bis man die merkwürdig geradlinig abbrechende Kante des moorigen Beckens **L'Ar du Tsan** erreicht. Die Straße führt weiter ins Tal; wir wandern aber zum Abfluss der Hochebene hinab, erleben einen hübschen Wasserfall, umgeben von artenreicher Flora.

Zum Abstieg geht's auf der anderen Seite kurz eben über dem Tal entlang, dann in Kehren steil durch den erlenbewachsenen Hang in den Talgrund und weiter, nahe dem wildschäumenden Wasser, zu der kleinen **Alp La Lé** (1661 m) im **Val de Réchy**. Hier beginnt die Wasserleitung, an deren Verlauf der sehr bequeme Weg meist im Wald an den Rücken von **Les Tsablos** hinausführt; dort trifft man auf die ersten Häuser von **Vercorin**; zum Ort selbst quert man, vorerst weiter im Wald, die letzten zwei Kilometer direkt hinab.

*Heute eine Kostbarkeit: der ungebändigte, weil unverbaute Wildbach im Val de Réchy.*

### Hoher »Wächter« am Eingang des Val d'Hérens

*Den Mont Noble hat gottlob (noch) nicht das Schicksal seiner Nachbarn ereilt, wo man im Bereich der »Quatre Vallées« nach französischem Vorbild für das totale Skivergnügen kaum einen Hang unberührt und kaum ein Dorf im traditionellen Baustil bewahrt hat – Skifahrers Traum mutiert dort jeden Sommer zu Wanderers Alptraum. Die herrlich gelegenen Dörfer Nax, Vernamiège und Mase sind jedenfalls noch das, was sich ein Urlaubsgast so sehnlich wünscht: Am Mont Noble findet man noch Ruhe, die Bahnen von Nax enden 300 m unter dem Gipfel, und die Bausünden der Alp-Straßen-Planer halten sich auch noch verhältnismäßig in Grenzen; da auf diesen Straßen aber nicht nur die wenigen »Privilegierten« fahren dürfen, ersparen sie uns hier einige Stunden An- und Abstieg.*

*Vom Gipfel hat man eine großartige Rundsicht über das Rhônetal hinweg auf die Berner Alpen und ins Val d'Hérens sowie ins stille Val de Réchy; der Gipfel wird von einer großen Statue verziert.*

*Vom Mont Noble erblickt man im Osten über dem Val de Réchy das Weisshorn.*

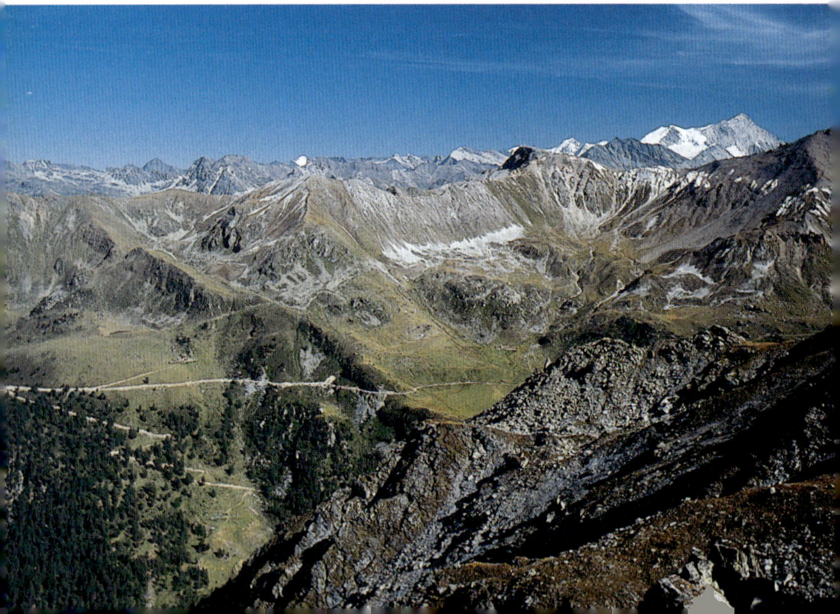

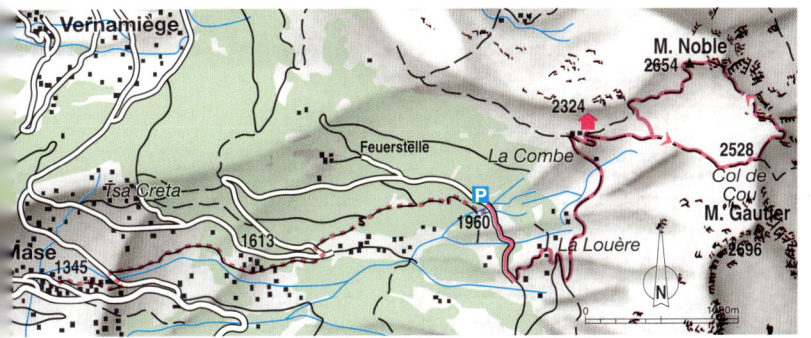

**Talort, Ausgangspunkt:** Mase (1345 m). Gute Busverbindung mit Sion (ungefähr 8 Verbindungen täglich, Fahrzeit annähernd 40 Min.), allerdings ist ein eigener Pkw sinnvoll, weil der Ausgangspunkt der Tour noch ein ganzes Stück höher liegt. Parkmöglichkeit am Straßenende (Sperr-schild) der Almstraße nach La Louère (1960 m).
**Höhenunterschied:** 690 m.
**Anforderungen:** Gute und markierte Wanderwege.
**Einkehrmöglichkeit:** Alpe La Combe, im Sommer bewirtschaftet.

Obwohl die Straße von **Mase** aus noch ein wenig höher führt, empfiehlt es sich, vor der Abzweigung zur oberen Feuerstelle auf einem Fahrweg bis zum Bachgrund zu fahren (Schranke, Parkmöglichkeit). Weiter auf dem Fahrweg in freiem Gelände, bis nach ungefähr 400 m, kurz vor der Querung des dritten Grabens, nach links der Fußweg zu den Alpen **La Louère** abbiegt. Oberhalb dieser queren wir weiter nach links zur **Alpe La Combe** (2324 m, Einkehrmöglichkeit). Von hier steigt man auf gutem Weg über das Wiesengelände in mäßiger Steigung zum **Col de Cou**, wo sich die ersten Tiefblicke ins oberste Val de Réchy auftun. Auf den zunehmend kärglicher bewachsenen Wiesen führt der Pfad nun stets in der Nähe des Kammes – die Abbrüche ins Val de Réchy zur Rechten – zum **Mont Noble**. Bevor man zum Westgipfel mit der Madonnen-Statue hinübergeht, sollte man noch ausgiebig von diesem höchsten Punkt der Wanderung die Aussicht hinunter ins Val de Réchy genießen, von der Statue selbst ist dafür dann der Blick nach Westen frei.

Über die west- und südseitig von Gras bewachsenen Hänge führt dann der Abstieg direkt zurück nach **La Combe** und ab hier auf dem Aufstiegsweg über **La Louère** zum Auto.

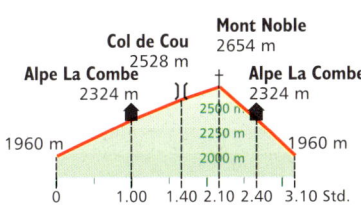

49

**Kontrastprogramm: offene Wasserleitung im extremen Trockenhang**

*Die Wasserleitung (»Grossi«) wirkt eher wie ein quer zum Hang verlaufender Bach; dicht daran gedeiht eine üppige Vegetation an dem ansonsten von der Sonne verbrannten Südhang, auf dem nur noch absolute »Durstkünstler« unter den Pflanzen überleben. Die Leitung ist wegen des auffälligen Bewuchses schon von unten aus dem Rhônetal gut zu erkennen. Die Wanderung beginnt bei den Weinbergen von Miège und führt durch immer wieder interessante Kiefernbestände auf extremen Trockenstandorten.*

*Der Aufstieg ist südexponiert, was an heißen Tagen einige Schweißtropfen kosten kann, daher sollte man nicht zu spät aufbrechen. Der Hang, den die Wasserleitung quert (Blatte), markiert den Gleithorizont eines gewaltigen eiszeitlichen Bergsturzes von der oberen Varneralp; die Hügellandschaft des Pfynwaldes im Rhônetal entstand durch die Ablagerung des Bergsturzmaterials nach dem Rückgang des Gletschers. Wichtig: Bitte an den Wasserbauten nichts verändern, auch im Zeitalter der automatischen Bewässerung sind diese »Wässerwasser« für die Landwirtschaft noch lebensnotwendig, unkontrolliert überlaufendes Wasser zerstört rasch jeden Wall.*

**Talort:** Sierre (540 m), kleine Stadt im mittleren Wallis an der Sprachgrenze. IC-Bahnstation.

**Ausgangspunkt:** Miège (702 m); hübscher Weinort etwas abseits der Straße Sierre-Crans-Montana. Busverbindung mit dichtem Fahrplan. Der Endpunkt der Wanderung, Varen (760 m), liegt ebenfalls inmitten von Weinbergen auf einer kleinen Terrasse über dem Rhônetal und hat Busverbindung mit Sierre.

**Höhenunterschied:** 340 m.

**Anforderungen:** Einfache Wanderung ohne Schwierigkeiten.

**Einkehrmöglichkeiten:** Gasthäuser in Miège und Varen.

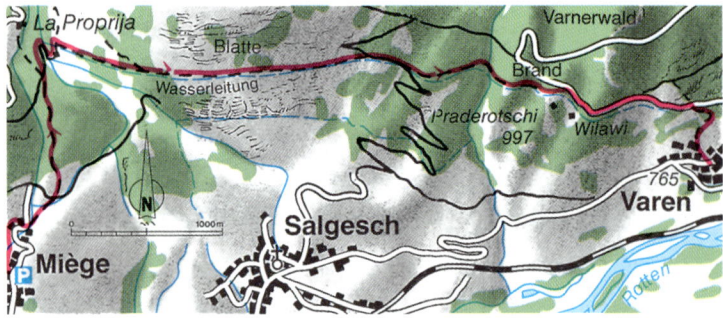

_Wie eine Galerie säumen Kiefern die Wasserleitung der Bisse de Varen._

Am Kirchplatz von **Miège** (Bushaltestelle, Wegweiser) nimmt man die berg-wärts durch den Ort ziehende Gasse. Man gelangt bei den letzten Häusern in die Weinberge und steigt weiter aufwärts zum Wald. Der Weg zieht über einen kleinen Sattel am Hügel Planigettes und erreicht eine Kapelle, wenig unterhalb der **Alp La Proprija**. Etwa 20 m höher gelangt man zur Wasserlei-tung **Bisse de Varen**, die über etwa 2 km hinweg mit minimalem Gefälle den Trockenhang quert. Hier läuft man wie in einer Galerie von Kiefern – an-genehm schattig und doch immer wieder mit herrlichen Blicken ins Rhône-tal und in das gegenüberliegende Val d'Anniviers. Am Ende kommt man wieder in dichteren Wald, quert einen kleinen Graben nach **Brand-Wilawi** und trifft kurz darauf auf einen Fahr-weg, der von Varen in den Varner-wald führt. Auf ihm wandert man etwa 1 km abwärts bis oberhalb von **Varen**, wo ein Fußweg direkt in den Ort hinableitet.

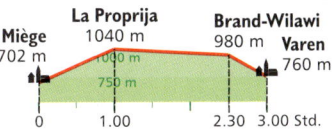

*Wanderung in einem wunderbaren Aussichtsgelände*

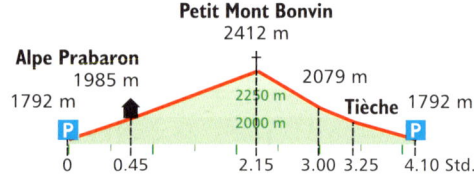

Petit Mont Bonvin
2412 m

Alpe Prabaron
1985 m

1792 m

2079 m

2250 m

Tièche 1792 m

2000 m

0      0.45        2.15   3.00 3.25   4.10 Std.

Auf dieser Wanderung bewegen wir uns zwar in einem Revier, das für die Skifahrer voll erschlossen wurde, doch im Sommer ist hier Alpgebiet wie anderswo auch. Zudem wird uns aber ein Panorama der Superklasse mit Blicken auf die gesamten Walliser Hochalpen geboten, und dies fast durchgängig vom ersten Schritt weg! Also: eine Tour für bestes Wetter! Und keinesfalls sollte man ein Fernglas vergessen, um diese Parade abnehmen zu können!
Aber auch die Tiefblicke hinunter ins Rhônetal sind nicht zu verachten, selbst wenn wir hier oben beinahe weltentrückt unterwegs sind. Unser Rückweg verläuft entlang einer historischen Wasserleitung, der Bisse du Tsittoret. Die Seilbahn ist im Sommer nicht in Betrieb, damit bleibt es angenehm ruhig.

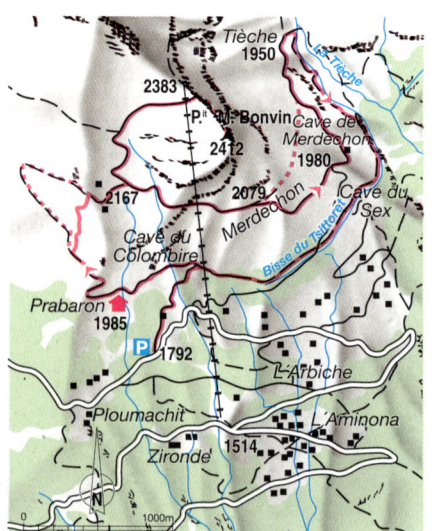

**Talort:** L'Aminona (1514 m). SMC-Buslinie mit dichtem Fahrplan Sierre–Montana, von hier nach Aminona (auffälliger Hochhauskomplex!).
**Ausgangspunkt:** Parkplatz an der Alpstraße unterhalb Cave du Colombire (1792 m). Ohne Fahrzeug in ca. 45 Min. von Aminona ausgehend auf einem Alp- und Fußweg zu erreichen.
**Höhenunterschied:** 620 m.
**Anforderungen:** Alpstraßen, nur auf den allerletzten Metern zum Gipfel eine kurze Stelle ausgesetzt und steil. Die Abkürzer verlaufen in übersichtlichem Alpgelände.
**Einkehrmöglichkeiten:** Alpe Prabaron, Restaurant in der Saison bewirtschaftet.

Vom Parkplatz aus erreichen wir auf breitem Weg in wenigen Minuten die **Alp Colombire** und passieren wenig oberhalb die historische Wasserleitung. Der breite Alpweg zieht weiter aufwärts mit einer Kehre zur **Alpe Prabaron** und an den obersten Bäumen vorbei in das freie Alpgelände; wo der Weg mit nur mehr geringer Steigung weiter in das Tal hineinleitet, können wir ohne irgendwelche Schwierigkeiten direkt über die Wiesen zur darüber hinwegziehenden Straße abkürzen (Weg- und Trittspuren). Nach Einmündung eines von Merdechon kommenden Fahrweges (unser Rückweg) folgen wir dem Sträßlein durch den Alpkessel zur **Bergstation** der Seilbahn am Kamm zwischen dem felsigen Mont Bonvin und seinem südlichen Vorposten, dem **Petit Mont Bonvin**. Der Steig zieht in wenigen Minuten zu dessen kleinem, felsigen Gipfelkopf – das kurze und etwas abschüssige Steilstück dort hinauf verlangt Trittsicherheit, dafür werden wir mit noch schönerer Rundsicht belohnt.

Zurück geht es zunächst am Aufstiegsweg und bei der Abzweigung in Richtung Merdechon im Süden unter unserem Gipfel weiter. Wer gut zu Fuß ist, kann nach wenigen Metern Zwischenaufstieg auf einer Stichstraße zu einer großen Alp einen Fußweg direkt nach **Tièche** nehmen, wer es gemütlicher will, folgt einfach der Straße nach **Merdechon** und gelangt von hier mit ebenfalls einem kurzen Anstieg in den Tièche-Kessel. Ab hier geht es nun der historischen Wasserleitung entlang; wir folgen dem Steig am kleinen Wasserfall hinab zur Fassung der Leitung und dann ohne größeres Gefälle immer talauswärts bis zur **Cave du Colombire**, wo wir wieder den Aufstiegsweg erreicht haben und zum Parkplatz absteigen.

*Aussichtsterrasse der Extraklasse: Blick vom Petit Mont Bonvin auf die Walliser Alpen.*

### *Wasserleitungs-Spaziergang zu einer Aussichtsloge*

*Die Trockenheit der nach Süden exponierten Hänge machte es auch wenige hundert Meter über dem Rhônetal nötig, die Wiesen, Felder und Rebberge zu bewässern. Die Bisse de Lens und die etwas tiefer verlaufende Bisse de Si-*

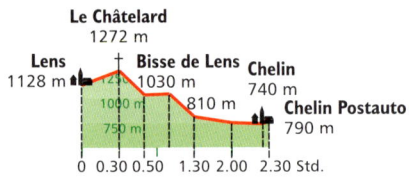

*lolin (auch Sillonin oder Silloline geschrieben) können wir im Verlauf dieser nicht sonderlich anstrengenden Wanderung auf ihren spektakulärsten Abschnitten erleben: trotz der Talnähe führen sie durch hohe, fast könnte man meinen, senkrechte Felswände. Bevor wir aber zu den Wasserleitungen absteigen, statten wir zunächst nach einem kurzen Aufstieg dem Châtelard mit seiner riesigen Christusstatue und mit der weiten Aussicht über das Rhônetal einen Besuch ab.*

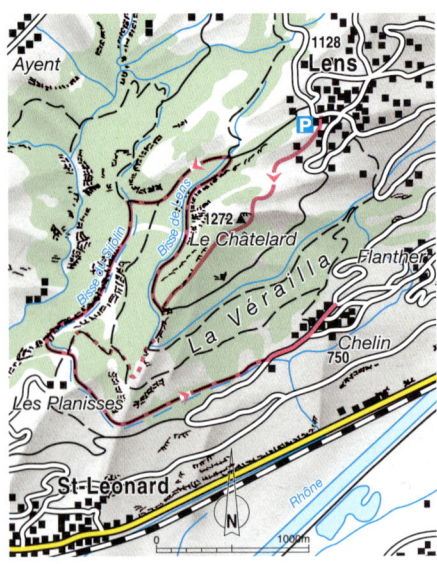

**Ausgangspunkt:** Lens (1128 m), ein kleiner Ort in einem breiten Wiesensattel auf dem Rücken, der von der Bella Lui in Richtung St-Léonard im Rhônetal hinabzieht, etwas abseits der mondänen Sport-Arena Crans-Montana. Busverbindungen mit Sion, Sierre, Montana und Granges. Vom Endpunkt Chelin (auf ca. 750 m Höhe gelegen), einer kleinen Siedlung über den Rebbergen von Granges, Postauto nach Lens (ungefähr 7 Verbindungen täglich).

**Höhenunterschied:** 530 m im Abstieg.

**Anforderungen:** Einfache Wanderung, Schwindelfreiheit jedoch unbedingt notwendig; eine ideale Wanderung im Frühjahr oder im Herbst, im Hochsommer kann es aber beim Aufstieg recht heiß werden.

**Einkehrmöglichkeiten:** Restaurants in Chelin und Lens.

*Unterwegs auf der Bisse de Silolin.*

In **Lens** beginnt der Weg als Fahrstraße am Friedhof (hier auch Parkplatz), führt zum Sportplatz, dann als Fußweg zum Wald und als Kapellenweg zum **Châtelard** – damit hat man schon alle »Anstiegsmühen« hinter sich.

Über den weitgehend freien Südwestrücken mit interessanter Trockenflora steigt man nun zur **Bisse de Lens** ab; man wendet sich hier nach rechts, Richtung Icogne, und folgt damit dieser Wasserleitung – anfangs noch überwiegend im steilen Wald, dann ausgesetzt durch eine Felswand (bereits im 15. Jh. erbaut, derzeit nicht mehr in Betrieb) bis zum neuen Tunnel, durch den nun das Wasser durch den Berg zu den Feldern und Wiesen geleitet wird. Kurz darauf erreichen wir einen Fahrweg und zweigen von der Bisse, die weiter nach Icogne führt, nach links hinunter ab. Zwei Kehren weiter geht's steil in den Graben hinab; zwischenzeitlich biegt nach links ein Weg nach Chelin ab, den wir aber nicht benutzen. Auf einer kleinen Waldlichtung gelangen wir an eine Wegteilung: rechts die Bisse du Clavau (Richtung Icogne) und links, nach Süden, die **Bisse de Silolin**. Sie leitet rasch an eine große Felswand und führt hier enorm ausgesetzt mittendurch (Drahtseil, Schwindelfreiheit unbedingt nötig); an einer Stufe wird das Wasser über einen künstlichen Wasserfall etwas abseits des Steiges geleitet. Bald wird der Weg wieder breiter und erreicht eine Kante bei **Les Planisses**. Hier beginnen die Wiesen und Rebberge, über denen unser Weiterweg am fließenden Wasser entlang bis nach **Chelin** führt.

Mit dem Bus nach Lens zurück; alternativ kann man von Chelin auf einem Fußweg durch die Südseite des Châtelard wieder zurück nach **Lens** gelangen (ca. 1¼ Std. zusätzlich).

# 14 Bisse du Ro

2.20 Std.

## Spektakuläre Wasserfuhre in der Nähe von Crans

*Die Bisse du Ro (auch Rho geschrieben) ist die verwegenste aller Walliser Wasserleitungen; es ist unglaublich, welch brüchige und ausgesetzte Felsflanken sie quert – wie groß muss wohl die Not gewesen sein, als sie vor vielen Hundert Jahren erbaut wurde und dann unter lebensgefährlichem Einsatz in Betrieb gehalten werden musste. Jetzt sind die gefährlichsten Stellen abgesichert, moderne Baustoffe erlauben die sichere Überwindung von Bereichen, wo früher so mancher sein Leben ließ. Dennoch muss die Leitung auch jetzt noch in jedem Frühjahr oder nach starken Regenfällen mit erheblichem Aufwand instand gesetzt werden; also im Zweifelsfall beim Verkehrsamt nachfragen.*

*In enormer Ausgesetztheit quert die Bisse du Ro die Felsen.*

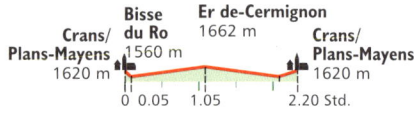

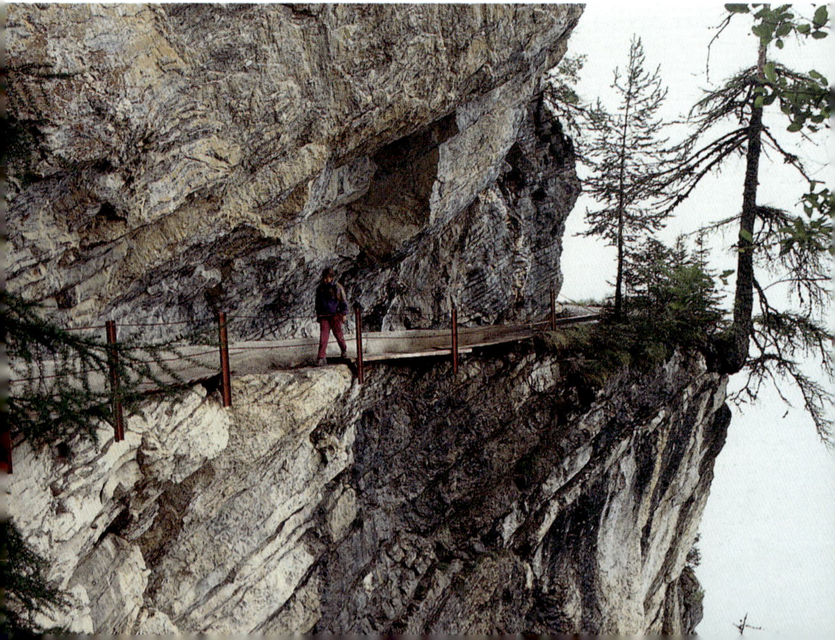

**Talort:** Crans (1476 m), mit dem benachbarten Montana auf der großen Terrasse über Sierre gelegen. Sehr gute Busverbindung beider Orte mit Sierre, dazu Standseilbahn Sierre–Montana. Kostenlose Busbenutzung im Bereich Crans – Montana – Vermala.

**Ausgangspunkt:** Plans-Mayens, auf 1620 m Höhe gelegen; verstreute Ansiedlung von Ferienchalets nördlich über Crans, Busverbindung (drei Verbindungen täglich).

**Höhenunterschied:** 140 m.

**Anforderungen:** Teils sehr ausgesetzter, an einigen Passagen rekonstruierter Wasserleitungs-Weg mit Geländerseil an den Felspassagen; nur wirklich schwindelfreien Wanderern zu empfehlen.

**Einkehrmöglichkeit:** Ein Restaurant in Plans-Mayens.

Von der Bushaltestelle »**Beau Cèdre**« (Parkplatz), der letzten vor der Endstation in Plans-Mayens, steigt man im dichten Wald steil etwa 50 Höhenmeter schräg zur Wasserleitung ab. Von Crans selbst kommt man hierher, indem man der Straße nach Plans-Mayens zur dritten, sehr weiten Kehre folgt und hier nach links (Wegweiser) den Beginn der Leitung erreicht (etwa 45 Min. von Crans, Grand Place). Nun führt der Weg immer an der **Bisse du Ro** entlang, mal im Wald, mal durch Felstobel, mal durch Schuttflanken,

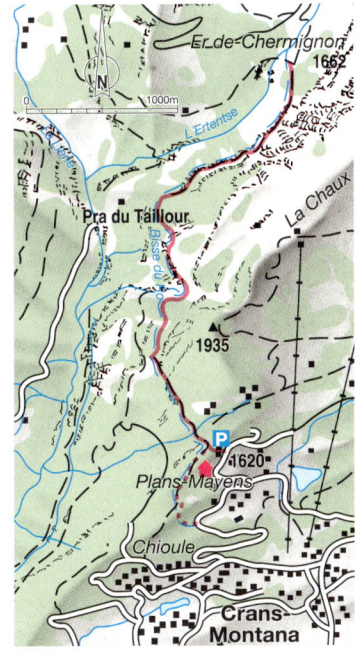

mal als ausgesetzter Steig auf der Außenseite der Wasserrinne an Felswänden entlang, dann wieder als breiterer, bequemer Weg. An mehreren Stellen heißt es gut auf den Kopf aufpassen, denn nicht nur groß gewachsene Leute könnten sonst leicht mit den überhängenden Felsen kollidieren – nicht ganz ungefährlich angesichts des schmalen Steiges. Nach etwa der halben Strecke hat man besonders schöne Blicke ins Tal des Lac de Tseuzier (Tour 15), dann biegt unser Weg in das Seitental des Ertentse-Baches ein. Hier geht es unter großen Felswänden entlang in den Talgrund bis zur Wasserfassung unter der **Alp Er de-Chermignon**. Rechts oben an der Bella Lui sind die Seilbahnen von Crans-Montana zu erkennen, sie bleiben aber auf der anderen Seite des Kammes.

Für die Rückkehr nimmt man zwar den gleichen Weg, der jedoch dann wieder völlig neue Einblicke und Eindrücke gibt.

**Uralter Passübergang vom Wallis ins Bernerland**

_Die Auffahrt zum Stausee – entweder mit dem Bus oder mit dem eigenen Auto – führt bereits durch eine herrliche Berglandschaft und ist für sich alleine schon ein Erlebnis. Je nach dem aktuellen Wasserstand stellt der Stausee ein hübsches blaues Juwel im Tal dar oder ist – wie zumeist im Frühsommer – von weniger schönen, braunen Rändern eingefasst. Die Wanderung durchquert in ihrem Verlauf mehrere interessante geologische Schichten, die man auf dem abenteuerlich angelegten Ziehweg wirklich hautnah erleben kann. Von der Passhöhe aus bietet sich dann ein herrlicher Blick nach Norden ins Berner Oberland bei Lenk._

![Karte Lac de Tseuzier – Rawilpass: 2429 Rawilpass, 2793 Wildstrubel H. S.A.C., 2950 Rohrbachstein, C. de la Plaine Morte, Plan des Roses, Alpage du Rawil, Wetzsteinh. 2782, 2109 Sex des Molettes, Armeillon, Lourantse, Lac de Tseuzier 1777, Tseuzier, Vatseret, Mondraléche, 1000m]

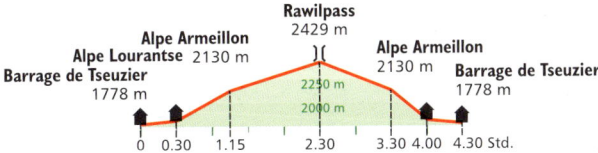

Rawilpass
2429 m

Alpe Armeillon
Alpe Lourantse 2130 m
Barrage de Tseuzier
1778 m

Alpe Armeillon
2130 m
Barrage de Tseuzier
1778 m

2250 m
2000 m

0   0.30   1.15   2.30   3.30  4.00  4.30 Std.

**Talort:** Ayent (840–1050 m); Gemeinde mit mehreren Orten über den ausgedehnten Rebbergen am Ausgang der Liène-Schlucht (bei Uvrier/St-Léonard). Postautoverbindung mit Sion, dichter Fahrplan.
**Ausgangspunkt:** Lac de Tseuzier (Barrage du Rawil, 1778 m); Ende der Fahrstraße von Ayent, Postauto-Endstation (zwei Verbindungen täglich, knapp 1 Std.

Fahrzeit von Sion). Parkmöglichkeiten an der Staumauer.
**Höhenunterschied:** 850 m.
**Anforderungen:** Einfache Wanderung auf guten Wegen, Ziehweg bis zur Armeillon-Alp.
**Einkehrmöglichkeit:** Gasthaus an der Staumauer; Alpe Lourantse am nordwestlichen See-Ende.

Auf dem Fahrweg geht man am Westufer des **Lac de Tseuzier** zur **Lourantse-Alp**, einem traumhaft schönen Platz mit herrlichem Lärchenbestand und umgeben von schroffen Flanken. Auch wenn es nicht möglich scheint: Der Ziehweg führt nicht nur bis unter den sperrenden Felsriegel, sondern schlängelt sich in steilen Serpentinen, zuletzt durch einen kurzen Tunnel, zur kleinen Hochfläche der **Armeillon-Alp**. Hier hat man einen großartigen Rückblick auf den See und ins Wallis. Der Pfad steigt nun schräg an zur nächsthöheren, karg bewachsenen Hochebene Plan des Roses – der Name hat nichts mit Rosen, sondern mit magerem Boden zu tun. Dann geht's nur mehr wenig steigend in dieser nordisch erscheinenden Landschaft zum breiten **Rawilpass**.

Als Zugabe könnte man vom Rawilpass in östlicher Richtung in etwa 1 Std. auf Wegspuren zur **Wildstrubelhütte** aufsteigen (im Sommer bewirtschaftet). Der Rückweg erfolgt auf dem Anstiegsweg, am Stausee bietet sich alternativ der nur etwas längere Fußweg an seiner Ostseite an.

*Tiefblick von Armeillon auf Tseuzier.*

***Ein kurzer Spaziergang in faszinierender Natur über der Kantonshauptstadt Sion***

*Diese kleine Wanderung empfiehlt sich außerordentlich für einen kurzen Zwischenstopp in Sion, verbunden mit einer Stadtbesichtigung. Ganz besonders reizvoll ist dies vor allem im Spät-*

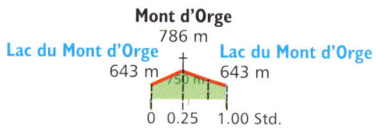

*herbst, wenn die Rebberge in warmen Goldtönungen erstrahlen und auch die Wahrscheinlichkeit klarer Fernsicht in den Talbereichen groß ist. Natürlich gibt es hier eine Vielzahl von Spaziermöglichkeiten, mit der hier beschriebenen Runde nimmt man jedoch bei geringstem Einsatz die interessantesten Eindrücke mit nach Hause.*

*Eindrucksvolle Tiefblicke hat man vom Mont d'Orge ins Rhônetal und auf Sion mit den charakteristischen Hügeln Tourbillon und Valère, dazu Weinberge, soweit das Auge reicht. Der Südhang über den Reben ist ein interessantes Trockenbiotop (u. a. finden sich hier Kakteen und viele andere mediterrane Pflanzen), im Kontrast dazu urwaldartig dichter Unterwuchs auf der Nordseite. Auf dem Gipfel stehen die Überreste einer alten Burg. Ein besonderes Kleinod bildet der Lac du Mont d'Orge mit seinen schilfbewachsenen Ufern.*

**Talort:** Sion (500 m), Hauptstadt des Kantons Wallis, auch die »Weinstube« der Schweiz genannt; Intercity-Bahnhof.
**Ausgangspunkt:** Lac du Mont d'Orge, 643 m, wenig südlich der Straße nach Savièse inmitten der weiten Weinberge. Postauto-Verbindung mit Sion-Zentrum mit dichtem Fahrplan. Zu Fuß von der An-

lage La Planta (Office du tourisme, zentrale Tiefgarage) in ungefähr 45 Min. erreichbar.
**Höhenunterschied:** 140 m.
**Anforderungen:** Leichter Spaziergang ohne Schwierigkeiten.
**Einkehrmöglichkeiten:** Restaurants in Sion.

*Rebberge und die Hügel von Tourbillon und Valère charakterisieren Sion.*

Vom **Lac du Mont d'Orge** geht man südlich leicht ansteigend durch die Weinberge aufwärts. Kurz nach dem letzten Haus zweigt rechts ein Pfad mit kurzen Serpentinen ab (Vita Parcours), dem man bis zur Gipfelruine auf dem **Mont d'Orge** folgt. Nach wenigen Metern entlang der alten Mauerreste erreicht man den höchsten Punkt, den eine Statue markiert.

Beim Abstieg geht man zuerst auf dem Anstiegsweg zurück, bis am Beginn der Ruinen der Vita Parcours nordseitig durch den dichten Wald hinabführt. Man trifft bald auf einen Fahrweg, über den wir zu den Reben an einem aussichtsreichen Sattel im Westen des Hügels wandern. Ein Pfad leitet eben direkt durch die Reben an die Südseite des Mont d'Orge und entlang der alten Wasserleitung (Suone) zum **Lac du Mont d'Orge** zurück.

### Fantastische Fern- und Tiefblicke hoch über Sion

*Seine Lage über dem Rhônetal macht den Prabé zu einem ganz vorzüglichen Aussichtsberg mit Blicken über das Tal und auf die im Süden aufgereihten Walliser Alpen, insbesondere zu den Bergen zwischen Weisshorn und Grand Combin bis hin zum Mont Blanc. Der Hauptteil des Anstiegs verläuft auf dem Gratrücken mit freier Aussicht, imposant sind auch die Tiefblicke in die übersteilen Schuttreißen in das zum Sanetschpass ziehende Tal.*

*Nur auf wenigen Metern ist der Weg zum Prabé etwas ausgesetzt.*

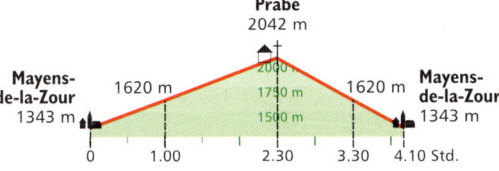

**Prabé**
2042 m

**Mayens-de-la-Zour** 1343 m — 1620 m — 2000 m / 1750 m / 1500 m — 1620 m — **Mayens-de-la-Zour** 1343 m

0    1.00    2.30    3.30    4.10 Std.

**Talort, Ausgangspunkt:** Mayens-de-la-Zour/Prazier, auf 1343 m Meereshöhe gelegen, eine ehemalige Alp- und heutige Zweitwohnungs- und Feriensiedlung auf dem Sonnenhang über Sion-Savièse und über den beinahe unendlichen Rebbergen. Busverbindung mit Sion (etwa 4 Verbindungen täglich, ungefähr 40 Min. Fahrzeit, 18 km). Parkmöglichkeiten an der Bus-Endhaltestelle oder auch am Aufstiegsweg, der ungefähr 300 m vor der Haltestelle nach rechts abzweigt und auf dem man noch einige Meter bis zu einem Sperrschild fahren kann.

**Höhenunterschied:** 700 m.
**Anforderungen:** Gut bezeichneter Weg mit atemberaubenden Tiefblicken in die Steilflanken, an kurzen Stellen etwas ausgesetzt.
**Einkehrmöglichkeit:** Unterwegs keine Einkehr möglich; nahe dem Gipfel befindet sich eine unbewartete Selbstversorgerhütte mit Übernachtungsmöglichkeit (Schlafsack und Kochzeug mitnehmen).

Von der Bus-Endhaltestelle in **Mayens-de-la-Zour** – für den Ort findet man verschiedene Schreibweisen, z. B. Tzour oder Tzur – auf dem schmalen Pfad bergan durch Wald zum Fahrweg, den man auch erreicht, wenn man gut 300 m auf der Straße zu der größeren Abzweigung mit Wegweiser zurückgeht. Auf diesem Fahrweg im Wald bergauf, über zwei Kehren und in angenehmer Steigung auf den hier noch bewaldeten Bergrücken. Entweder noch über die nächste Serpentine oder auf dem Abkürzungssteig direkt zum Ende des Fahrwegs und weiter über den Rücken aufwärts. Schnell hat man die Waldgrenze erreicht und damit die ersten freie Blicke.
Bald gelangt man an einen kleinen Aufschwung, wo ein neuer Weg rechts durch die Flanke geführt wurde; man kann aber auch direkt über den scharfen Kamm mit tollen Tiefblicken ansteigen. Überraschend trifft man dann auf eine hübsche Wiese. Rechts die Steilabbrüche zur Rhône, links verdeckt Hochwald weiteres Steilgelände. Weiter auf dem Rücken zur Selbstversorgerhütte – schon hier ist die Aussicht prächtig. Mit wenigen zusätzlichen Aufstiegsmetern zum nahen **Prabé** lässt sich die Rundsicht weiter steigern, da sich hier nach Osten ein Tiefblick über erschreckend steiles Schrofen- und Schuttgelände öffnet.
Der Abstieg erfolgt auf dem Aufstiegsweg.

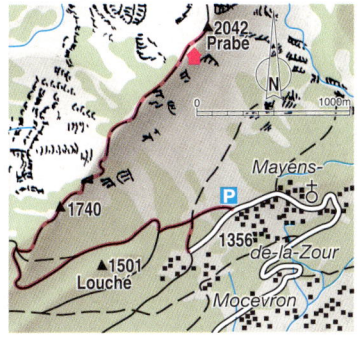

### Aussichtskanzel über Les Haudères

*Der Roc Vieux ist ein felsiger Absatz oberhalb von Les Haudères in der Nord-flanke der pyramidensteilen Dents du Veisivi; er bietet einen hervorragenden Überblick über das obere Val d'Hérens, gekrönt von den Ausblicken auf Dent Blanche und Pigne d'Arolla. Im Sommer weist er darüber hinaus eine außer-gewöhnlich reiche Flora auf den Wiesen oberhalb von Les Haudères auf.*

**Talort, Ausgangspunkt:** Les Haudè-res (1436 m); oberster Ort im Val d'Hé-rens, an der Verzweigung nach Arolla und Ferpècle. Postauto-Verbindung mit Sion (ca. stündliche Verbindung, 50 Min. Fahrzeit, 37 km).

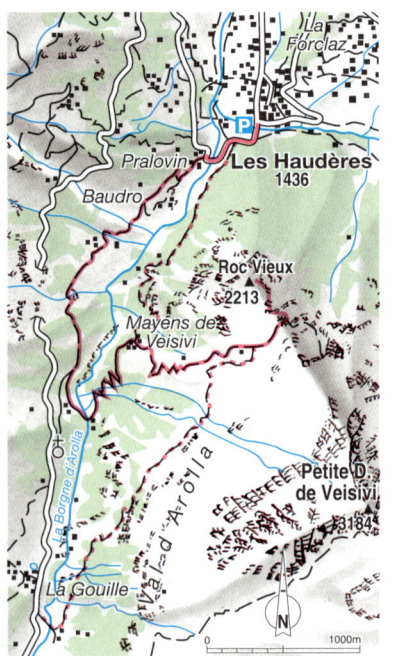

**Höhenunterschied:** 850 m.
**Anforderungen:** Unschwierige Wan-derung, anfangs breiter Weg (alter Zu-gang nach Arolla), dann guter Bergpfad. Unterwegs keine Einkehrmöglichkeit.
**Variante:** Für den Abstieg gibt es eine kürzere Variante: An den Mayens de Vei-sivi nach rechts abzweigen, um steil an der rechten Bachseite nach Les Haudè-res zurückzugelangen. Als weitere Alter-native kann man auf schmalem Pfad von oberhalb der Maiensässen links schräg nach La Gouille an der Arolla-Straße ab-steigen und von hier mit dem Bus nach Les Haudères zurückkehren.

Von **Les Haudères** ab der Postau-to-Haltestelle zunächst entlang der Straße nach Arolla. Man überquert zuerst den Ferpècle-Bach, dann die Borgne d'Arolla. An dieser Stelle verlässt man die Autostraße und biegt links in den alten Weg nach Arolla ein, der sich linksseits des Baches an den Häusern Baudro und La Ventura vorbei mäßig an-steigend hinzieht. Der nach Südos-ten ausgerichtete Hang ist an eini-gen Stellen licht und mit Wiesen-pflanzen und Sträuchern bewach-sen. An sonnigen Tagen tummeln sich hier unzählige Schmetterlinge, darunter auch Apollofalter. Etwa 500 m vor der kleinen Kapelle

**St-Barthélemy**

– zu der ein Ab-
stecher lohnt –
zweigt der Weg
nach links hin-
unter zum Bach
ab, der auf einer
Brücke über-

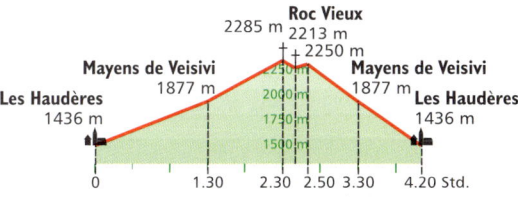

quert wird. Jenseits der Borgne geht es dann steil und in Kehren zu den **Mayens** (Maiensässen) **de Veisivi** hinauf. Eine kleine Hochebene breitet sich auf etwa 1900 m aus, an deren Ende der Pfad weitere 200 m ansteigt und dann leicht abwärts in nördlicher Richtung zum Aussichtspunkt **Roc Vieux** führt. Dieser liegt an exponierter Stelle auf dem zum Petite Dent de Veisivi ziehenden Grat. Die Ausblicke auf das Val d'Hérens im Norden, die Aiguilles Rouges im Westen, die eisbedeckten Gipfel um Arolla im Süden und die Dent Blanche mit ihren Trabanten im Osten sind überwältigend und rechtfertigen den Ruf des Roc Vieux als hervorragende Aussichtskanzel über dem Talboden von Evolène. (Autoren: E. Muscholl / W. Hellberg)

*Hoch über Les Haudères steht die Dent Blanche, rechts am Bildrand der Absatz des Roc Vieux.*

**Große Gletscherblicke im Ferpècle-Talschluss**

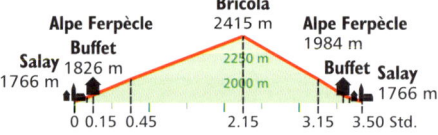

*Der Talboden um Ferpè-cle ist touristisch nur sehr schwach erschlossen. Es ist ein wildes Tal, das sich weiter hinten in zwei Täler aufteilt und von den* zerrissenen Gletscherzungen des Ferpècle- und Mont-Mine-Gletschers beherrscht wird. Auf unserem Anstieg haben wir beste Blicke in diese urweltliche Szenerie. Von Bricola zeigt sich die Dent Blanche als wuchtiger Zahn, der aber nur nach Neuschneefällen seinem Beinamen alle Ehre macht und sonst gar nicht so weiß ist.

**Talort:** Les Haudères (1436 m); an der Verzweigung des Val d'Hérens nach Arolla und Ferpècle gelegener Ort.
**Ausgangspunkt:** Salay (1766 m) im Ferpècle-Tal; Postauto von Les Haudères (etwa 4 Verbindungen täglich zwischen ca. 8.00 und 17.45 Uhr, knapp 25 Min. Fahrzeit, 9 km). Parken entweder in Salay oder 500 m weiter am Sperrschild.
**Höhenunterschied:** 650 m.
**Anforderungen:** Markierter Steig, teilweise steil, auf wenigen Metern auch ausgesetzt.
**Einkehrmöglichkeit:** Buffet/Restaurant »Ferpècle Glacier« knapp 1 km oberhalb des Parkplatzes.

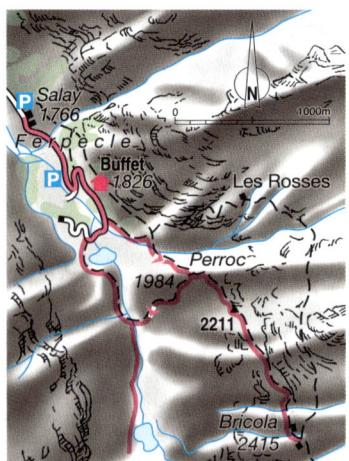

Von **Salay** folgt man etwa 500 m weit der Fahrstraße taleinwärts (letzte Parkmöglichkeit für Pkw), dann über zwei Kehren weiter und an einem Buffet (Brotzeit und Getränke) vorbei bis zu einer Brücke über einen Bach. Nach der Brücke noch vor dem kleinen Stausee links ab (Wegweiser) und auf Steig zum Alpgelände **Ferpècle** mit den letzten Bäumen. Weiter gerade aufwärts, an der Einmündung eines direkt von Salay heraufführenden Weges vorbei, bis er durch blockiges Gelände an eine Steilstufe zieht. In einigen Serpentinen überwindet der Steig diese Zone und führt dann diagonal ansteigend durch die steile Flanke auf die nun sichtbare Hütte auf Bricola zu; zuletzt müssen noch zwei deutliche Gräben mit kurzen ausgesetzten Stellen überquert werden. Das große Haus auf **Bricola** gehört der Elektrizitätswirtschaft, die hier einige Wasserfassungen für die Stauseen installiert hat.

Der Abstieg erfolgt am Aufstiegsweg. Ab dem Ferpècle-Alpgelände bietet es sich an, von diesem Weg auf einen direkt in den Talgrund führenden Steig abzuzweigen. Auf einer Brücke können wir dort den Gletscherabfluss überqueren und auf der anderen Seite einen Fahrweg erreichen. In 20 Min. könnte man von hier noch einen Abstecher zur Gletscherzunge des Mont-Mine-Gletschers machen (wir konnten von oben das ganze Gelände ja schon gut einsehen!). Ansonsten auf dem Fahrweg talauswärts, bis sich unsere Runde bei der Brücke schließt.

*Von der Alpe Bricola wirkt die Dent Blanche besonders eindrucksvoll.*

# Cabane des Aiguilles Rouges, 2810 m

**20**

**5.25 Std.**

**Leichte Hüttenrundtour in einer außergewöhnlich schönen Landschaft**

*In der Umgebung von Arolla finden sich herrliche Zirbenbestände (daher der Name, von französisch »arolle« für Arve oder Zirbe), unsere Tour führt aus diesen über eine liebliche Alpregion hinauf in die alpine Zone. Auf der ganzen Wanderung hat man beste Sicht auf Mt. Collon, Pigne d'Arolla und die Aiguilles von Arolla. Beim Abstieg kommt man am Lac Bleu vorbei, er trägt seinen Namen zu Recht, denn als blaues Seeauge liegt er in einem lichten Zirben- und Lärchenbestand. Wer eine Übernachtung auf der Cabane des Aiguilles Rouges einplant, sollte sich unbedingt vorher telefonisch anmelden. Kleiner Tipp: Bei sicherem Wetter nicht zu früh wieder absteigen, da sich die umliegenden Massive erst im Laufe des Nachmittags im besten Licht präsentieren.*

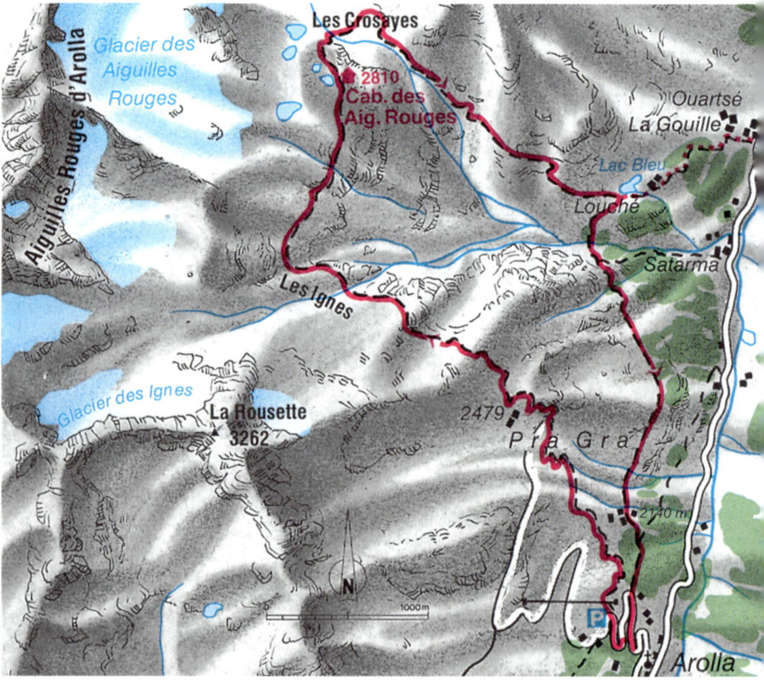

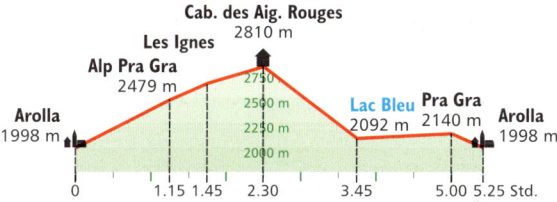

| | | Cab. des Aig. Rouges 2810 m | | | | |
| Les Ignes | | | | Lac Bleu | Pra Gra | |
| Alp Pra Gra 2479 m | | | | 2092 m | 2140 m | |
| Arolla 1998 m | | | | | | Arolla 1998 m |

0    1.15 1.45   2.30    3.45    5.00 5.25 Std.

**Talort, Ausgangspunkt:** Arolla (1998 m). Busverbindung mit Sion über Evolène und Les Haudères (Fahrzeit 1¼ Std., 52 km).
**Höhenunterschied:** Ca. 900 m.
**Anforderungen:** Markierte Wege, eine kurze, ausgesetzte Stelle ist mit einer Kette gesichert.
**Einkehrmöglichkeit:** Cabane des Aiguilles Rouges (bewirtschaftet von Juli bis September; Tel. 027/2831649).
**Variante:** Vom Lac Bleu aus kann man in 20 Min. direkt nach La Gouille absteigen.

Von **Arolla** folgt man der Fahrstraße, die nach Westen zu den Appartementhäusern hinaufführt. Am Ende der geteerten Straße (führt als Fahrweg nach Pra Gra weiter) und oberhalb einer Skiliftstation verlässt man diese an der nächsten Kehre (Wegweiser) und steigt durch herrlichen Zirbenwald zu den oberen Almflächen auf. Zunehmend besser markiert leitet der Pfad nun hinauf zu den oberen Hütten der **Alp Pra Gra** (2479 m), wo sich eine umfassende Rundsicht bietet. Der Weg quert daraufhin entlang einer alten Wasserleitung in den Geröllkessel von **Les Ignes**. Über den Abfluss des Ignes-Gletschers hinweg traversiert er gegenüber die steile Moränenflanke unterhalb des Aiguilles-Rouges-Gletschers, bis er zuletzt durch eine kurze Blockhalde zur nahen **Cabane des Aiguilles Rouges** führt.

Abstieg zum Lac Bleu: Von der Hütte geht man noch ca. 200 m nach Norden leicht aufwärts, bis der Weg über die begrünten Hänge von **Les Crosayes** in vielen Kehren zu den Almen von **Louché** mit dem wunderschönen **Lac Bleu** hinabzieht (von der Hütte gut zu überblicken). Südlich des Sees zweigt der Weg in den Graben der Gletscherabflüsse ab, die auf einer Brücke überquert werden. Mit einigem Auf und Ab wandern wir über dem Arollatal nach Süden auf Arolla zu; wo der Weg zu den unteren **Pra-Gra-Hütten** (2140 m) wieder ansteigt, gelangt man auf dem unteren Pfad erneut durch Zirbenwald nach **Arolla**.

*Die Cabane des Aiguilles Rouges, ein der Landschaft angepasster Natursteinbau.*

# 21 Plans de Bertol, 2664 m

4.40 Std.

## In den hintersten Winkel des Arollatals

*Die Plans de Bertol markieren etwa die Hälfte des Aufstiegs von Arolla zur Bertolhütte; weniger die Länge des Weges und der gesamte Höhenunterschied als das steile Gletscherfeld unter dem Col de Bertol erfordern für den Hüttenanstieg jedoch den erfahrenen und entsprechend ausgerüsteten Bergsteiger. Die Aussichtskanzel Plans de Bertol ist dagegen für jeden Bergwanderer erreichbar und vermittelt bereits starke Hochgebirgs-Eindrücke: Wir blicken hier auf wilde Séracstufen des Collongletschers direkt gegenüber der kleinen Hochebene. Die Nordwand des Mont Collon zählt mit Recht zu den großen Schaustücken der Berge um Arolla.*

**Talort, Ausgangspunkt:** Arolla (1998 m); nähere Angaben siehe Tour 20.
**Höhenunterschied:** 700 m.

**Anforderungen:** Einfache Tour auf markiertem Pfad in teils steilem Gelände. Unterwegs keine Einkehrmöglichkeit.

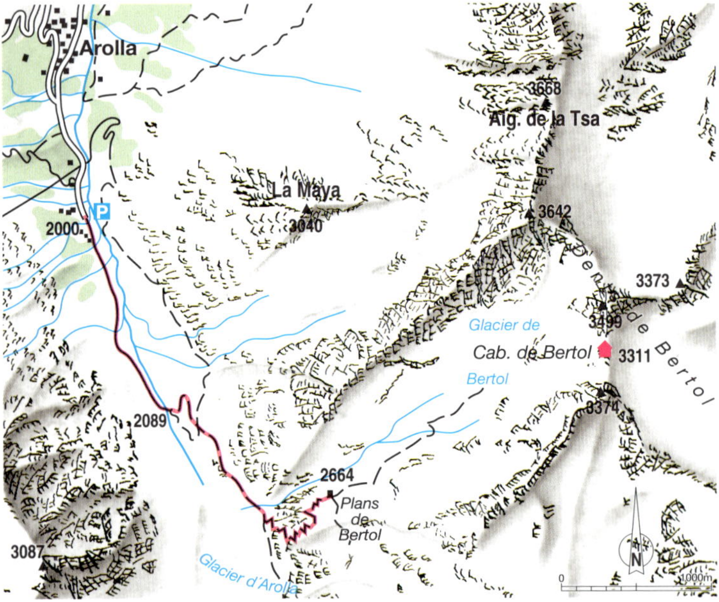

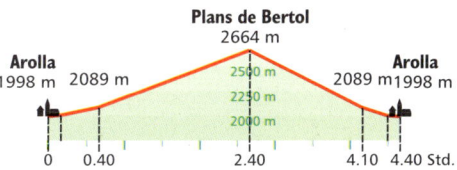

*Über dem Talschluss von Arolla ragt der Mont Collon dominierend in den Himmel.*

Vom Parkplatz am Südende von **Arolla** geht man auf dem für private Kfz gesperrten Fahrweg etwa 2 km taleinwärts bis zu seinem Ende an der Brücke in der Nähe der Gletscherzunge (Wegweiser). Der Weg steigt über dem östlichen Gletscherufer in Südostrichtung an, überquert dann den Abfluss des Bertolgletschers und kommt zu den Resten der Wasserfassungsbauten. An der Wegteilung dort zweigt rechts der Anstieg zu den Gipfeln um den Arollagletscher ab, während unser Weg in östlicher Richtung über steile Serpentinen zu der spärlich bewachsenen Hochebene **Plans de Bertol** (2664 m) hinaufführt. Auch wenn man hier keinen Gipfel erreicht, hat man doch eine großartige Aussicht, insbesondere auf Pigne d'Arolla, Mont Collon und den dazwischenliegenden Gletscherbruch (diese Sicht wird auch von der 600 m höher gelegenen Bertolhütte nicht wesentlich besser). Es lohnt sich aber, ein paar Meter ziemlich eben nach Süden zu gehen, um dann auch den oberen Arollagletscher mit den umliegenden Gipfeln voll einsehen zu können.

Der Rückweg erfolgt auf dem Anstiegsweg.

**Plans de Bertol**
2664 m

**Arolla**
1998 m   2089 m

2500 m
2250 m
2000 m

**Arolla**
2089 m   1998 m

0     0.40          2.40          4.10  4.40 Std.

### Hoch über dem Lac des Dix

*Vom Mont Blava zeigen sich die wahren Ausmaße des Lac des Dix mit der höchsten Staumauer Europas. Der größte Teil des Baumaterials wurde aus dem Schotterbecken von Prafleuri mit einer Seilbahn zur Mauer befördert; eine informative Ausstellung über den Staudammbau und das ganze Verbundsystem der Grande Dixence befindet sich im Kraftwerksgebäude in Le Chargeur.*

**Talort:** Hérémence (1237 m); kleine Ortschaft, hoch und sehr aussichtsreich über der Abzweigung des Val d'Hérémence aus dem Val d'Hérens gelegen; wunderschöner Dorfkern mit einer hypermodernen Kirche; gute Postautoverbindung von Sion.

**Ausgangspunkt:** Le Chargeur (2141 m) am Fuß der Staumauer des Lac des Dix. Hotel, Restaurant und Seilbahn an der Staumauerkrone. Postauto von Sion über Hérémence (4 Verbindungen, gut 1 Std. Fahrzeit, 30 km). Parkmöglichkeiten in Le Chargeur.

**Höhenunterschied:** 790 m.

**Anforderungen:** Bezeichneter Weg zur Hütte und über den Pass, teilweise Blockfelder; Pfadspuren zum Gipfel, hier ist Trittsicherheit nötig.

**Einkehrmöglichkeiten:** Cabane de Prafleuri (2662 m; privat, im Sommer bewirtschaftet, Tel. Hütte 027/2811156). Alp La Barma, 2458 m; in der Saison einfache Bewirtschaftung.

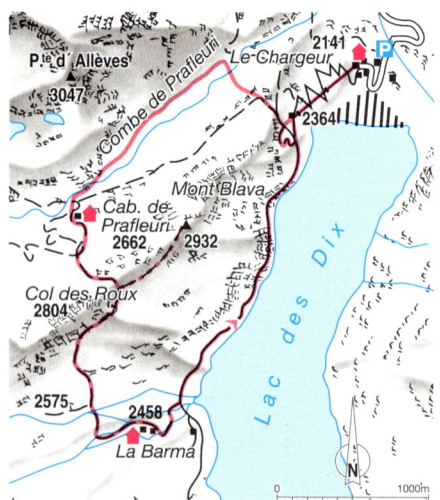

Bequemerweise wird man die Seilbahn vom Gebäude der Dixence-Gesellschaft in **Le Chargeur** zur Staumauerkrone des Lac des Dix nützen, ansonsten steigt man auf dem Fußpfad in etwa 45 Min. hinauf. Nach wenigen Metern am Ufer entlang zweigt der breite Weg nach rechts ab und führt in Kehren zu einem Rücken hinauf, wo man bereits die **Cabane de Prafleuri** im Talhintergrund sehen kann. Der alte Weg durch die Mont-Blava-Flanke ist zur Zeit gesperrt; man muss daher zunächst in die Combe de Prafleuri

*Der Dixence-Talschluss mit der Staumauer, rechts oberhalb der Mont Blava.*

absteigen, um auf der gegenüberliegenden Seite auf einem Steig taleinwärts aufzusteigen. Am oberen Ende der Combe geht es auf die Südseite
und dann kurz zur Hütte hinauf. Moränengeröll beherrscht hier das Bild, erkennbar sind noch die Spuren des Mauerbaus. Von der Hütte erreicht man
auf dem Weg rasch den **Col des Roux**. Wie aus einer anderen Welt liegt uns
nun der Stausee zu Füßen, umgeben von schroffen Felsgipfeln und glänzen-
den Firnbergen.
Wer trittsicher ist, sollte den Abstecher auf den **Mont Blava** nicht auslassen:
Eine kurze Felsstufe wird in der südseitigen Flanke umgangen, dann immer
auf dem Rücken zum höchsten Punkt, die Rundsicht lohnt die geringe
Mühe. Doch auch wer sich mit der Scharte begnügt, wird von dieser Aussicht begeistert sein.

*Vom Mont Blava kommt die Größe des Dix-Stausees richtig zur Geltung.*

Vom Col geht's dann nach Süden hinab, anfangs noch durch einige Block-halden, dann über die Wiesenhänge zur **Alp La Barma**; bei der Rast hat man die schroffen Felsspitzen der Aiguilles Rouges gegenüber. Auf den Alp-wiesen weiden die schwarzbraunen Eringerkühe – eine alte Walliser Rasse, gebirgstauglich, aber nicht EU-konform bezüglich der Milchleistung; sie wären vermutlich bereits verschwunden, wenn sie sich nicht durch einen ausgeprägten Kampftrieb auszeichneten, der sie zu den Stars der Ringkuh-kämpfe, einer Walliser Attraktion, macht; im Gegensatz zur spanischen Tra-dition fließt hier jedoch niemals Blut, sodass auch Tierschützer kein schlech-tes Gewissen bei einem Besuch dieser Volksfeste haben müssen.

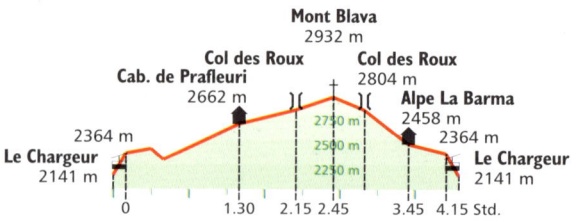

Rasch ist man zum **Lac des Dix** abgestie-gen und wan-dert an seinem Ufer zuletzt zwei Kilometer eben zur Stau-mauer zurück.

### *Vom riesigen Stausee in arktische Gefilde*

*Die Cabane des Dix ist auf drei Seiten von Gletschern umgeben, was der Szenerie einen wahrhaft arktischen Eindruck verleiht. Die gegenüber aufragende Nordwand des Mont Blanc de Cheilon ist nach wie vor das Schaustück der Hütte, auch wenn durch die Erwärmung der letzten Jahre die Eispracht stark gelitten hat und im Spätsommer oft viel Fels statt Eis zu sehen ist – zu Anfang der Saison und nach Schlechtwetterperioden erstrahlt die Wand wie eh und je in Weiß. Niemand sollte sich dazu verleiten lassen, ohne entsprechende Ausrüstung und Erfahrung über die umliegenden Gletscher zu gehen, sofern diese nicht aper sind und die Spalten klar zu erkennen sind.*

*Die Grande Dixence ist ein beeindruckendes Riesenbauwerk, die Schwergewichtsmauer besteht aus fast 6 Mio. m³ Beton und Füllmaterial, sie staut bis zu 400 Mio. m³ Wasser für die Erzeugung von ca. 2100 GWh elektrischer Energie jährlich. Das Wasser wird aus einem enorm großen Bereich herangeleitet, das Stollensystem reicht bis in die Gegend um Zermatt. Stauwerksführungen im Sommer.*

*Nach einer längere Schlechtwetterperiode zeigt sich der Mont Blanc de Cheilon von der Dixhütte aus tief verschneit.*

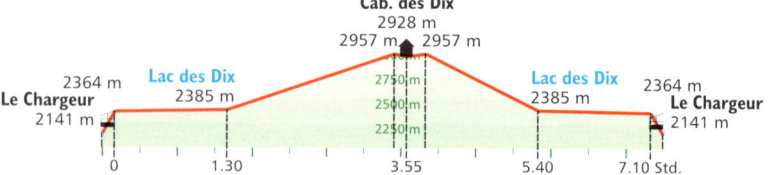

| | | Cab. des Dix | | |
|---|---|---|---|---|
| | | 2928 m | | |
| | | 2957 m ▲ 2957 m | | |
| 2364 m | Lac des Dix | 2750 m | Lac des Dix | 2364 m |
| **Le Chargeur** | 2385 m | 2500 m | 2385 m | **Le Chargeur** |
| 2141 m | | 2250 m | | 2141 m |

| 0 | 1.30 | 3.55 | 5.40 | 7.10 Std. |

**Talort:** Hérémence (1237 m); zu näheren Angaben siehe Tour 22.

**Ausgangspunkt:** Le Chargeur (2141 m) am Fuß der Staumauer des Lac des Dix. Hotel, Restaurant und Seilbahn an der Staumauerkrone. Postauto von Sion über Hérémence (4 Verbindungen, gut 1 Std. Fahrzeit, 30 km). Parkmöglichkeiten in Le Chargeur.

**Höhenunterschied:** 820 m.

**Anforderungen:** Am See Fahrweg, danach guter Wandersteig zur Hütte.

**Einkehrmöglichkeit:** Cabane des Dix (SAC), etwa Anfang Juli bis Ende Sept. bewirtschaftet. Eine der großen SAC-Hütten (150 Plätze), allgemein gut besucht. Für Übernachtung Anmeldung beim Wirt empfohlen (Tel. 027/2811523).

Mit der Seilbahn überwindet man die gut 200 Höhenmeter von **Le Chargeur** zur Staumauerkrone des **Lac des Dix** (zu Fuß 45 Min.). Der Fahrweg leitet mit nur minimalen Höhenunterschieden am Westufer des Sees entlang zum

*Durch das Teleobjektiv herangezogen: die Gipfel im Hintergrund des Lac des Dix (Pigne d'Arolla und Mont Blanc de Cheilon).*

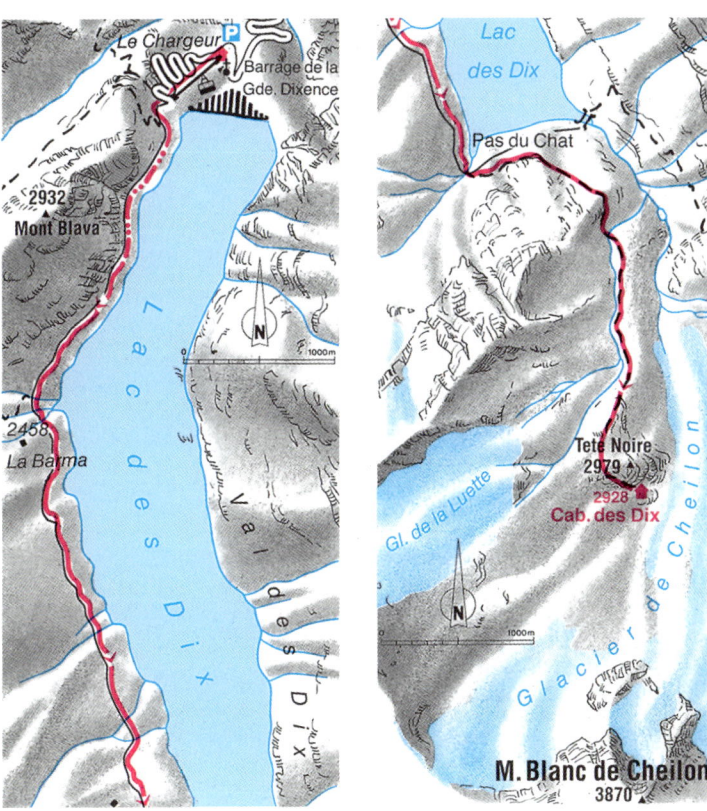

südlichen Ende; die Wiesenhänge entlang dem Weg sind im Sommer ein wahres Blumenparadies. Man zweigt von dem aus Arolla über den Col de Riedmatten kommenden Weg ab und steigt über den »Pas du Chat« genannten Hang schräg gegen das große Gletscherbecken des Cheilongletschers auf. Hoch über seiner Gletscherzunge bewegt sich der Weg nun auf dem Kamm der Seitenmoräne (sie markiert den Gletscherstand von vor 100 bis 200 Jahren, er war also gut 100 m höher als jetzt). Mit zunehmend imposanteren Ausblicken quert der Pfad westlich am Felsgupf der Tête Noire vorbei und zieht schließlich kurz zur **Cabane des Dix** hinab.
Abstieg auf gleichem Weg.

## Ungewöhnlich abwechslungs- und aussichtsreiche Wanderung hoch über dem Rhônetal

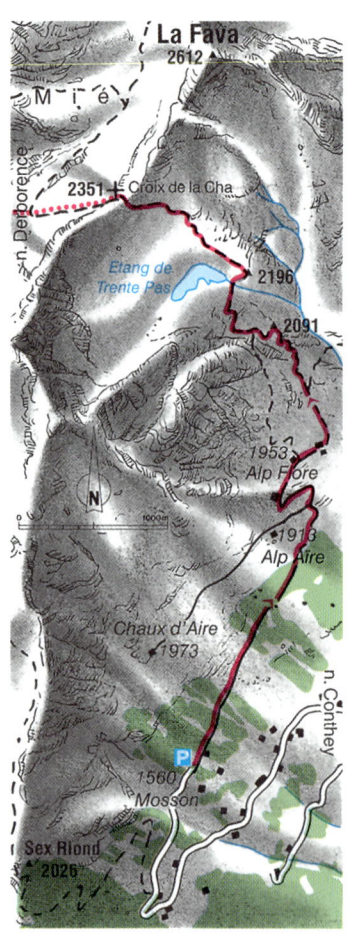

*Diese Wanderung führt durch eine klassisch schöne Hochgebirgsland-schaft, über Weiden und Almen, Karstfelder und Schuttkare. Sie vermittelt fast an jedem Punkt eine glanzvolle Sicht auf die Berge südlich des Rhônetals und die Gipfel der Berner Alpen.*
*Bei der Anfahrt kommt man im unteren Bereich durch ausgedehnte Weinberge – wir sind hier schließlich unterwegs im Haupt-Weinbaugebiet der Schweiz. Unter dem Pass liegt der malerische Etang de Trente Pas, vom Pass selbst öffnet sich dann ein großartiger Blick auf die Diablerets-Gruppe.*

**Talort:** Conthey (511 m), kleine Ortschaft in der Nachbarschaft von Sion unter ausgedehnten Weinbergen an den westlichen Berner Alpen. Gute Busverbindung mit Sion.
**Ausgangspunkt:** Mosson (1560 m); am Ende des geteerten Sträßchens von Conthey bzw. Erde über Daillon und Mayens de Conthey gelegen. Busverbindung bis Mayens de Conthey. Parkmöglichkeiten in Mosson bzw. in Sion oder Erde, wenn die Rundwanderung nach Derborence geplant ist.
**Höhenunterschied:** 790 m.
**Anforderungen:** Leichte Wanderung auf guten Wegen.
**Variante:** Eine interessante Alternative bildet der Abstieg vom Pass nach Westen ins Tal der Lizerne nach Derborence (Gehzeit: ca. 2 Std.). Rückweg mit dem Bus nach Erde (im Sommer zwei Verbindungen täglich).

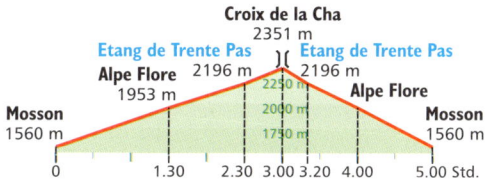

Croix de la Cha
2351 m

Etang de Trente Pas    Etang de Trente Pas
2196 m       2196 m
Alpe Flore     2250 m
1953 m      2000 m     Alpe Flore
           1750 m

Mosson                 Mosson
1560 m                  1560 m

0       1.30     2.30   3.00 3.20   4.00      5.00 Std.

Ein schräg den Hang querender Wirtschaftsweg führt von **Mosson** teils durch Wald, dann wieder über freie Flächen – auf beiden Seiten reiche Blumenpracht – zum Punkt 1848 m und oberhalb nach links zur Alp Aïre (1913 m). Hier in nördlicher Richtung zur **Alpe Flore** (1953 m). Nur leicht ansteigend in nördlicher Richtung auf ein Steilstück zu und in vielen Serpentinen aufwärts zum Punkt 2091 m (links interessante Karrenfelder). Im flacheren Gelände zum **Etang de Trente Pas** (2196 m). Weiter in nordwestlicher Richtung zum **Croix de la Cha** hinauf.
Der Abstieg folgt dem Anstiegsweg.

*Blick auf das Diablerets-Massiv vom Croix de la Cha.*

***Ein verstecktes Juwel: der jüngste natürlich entstandene See der Schweiz***

*Der Lac de Derborence entstand durch zwei Bergstürze aus den Diablerets im 18. Jh. Die Zufahrtsstraße durchquert das Trümmerfeld; so kann man dort hervorragend die Pioniervegetation auf diesem Trockenstandort studieren. Der See zeigt Verlandungszonen, er ist ziemlich flach und verändert entsprechend den Niederschlagsmengen seine Größe. Im südlich anschließenden Steilwald stehen Riesenexemplare von Weißtannen (mehr als 40 m hoch, die größten in der Schweiz); auch wenn hier die Stürme der letzten Jahre gewütet haben, lohnt sich in jedem Fall ein kurzer Rundgang um den See (Naturschutzgebiet).*

*Nachdem wir bei der Anfahrt die gewagte Straßenführung mit ihren vielen Tunnels und Galerien durch die extrem steile Felswand bewundern und gegenüber eine der höchsten Plattenflanken in den Alpen bestaunen konnten, wird uns diese nicht allzu lange Wanderung über die Kantonsgrenze hinweg ins Waadtland führen.*

**Talorte:** Conthey (511 m); Nachbargemeinde von Sion mit guter Busverbindung dorthin. Erde (802 m); ein kleiner Ort über den Rebbergen von Conthey an der Abzweigung der Straße hinauf zum Sanetschpass.

**Ausgangspunkt:** Derborence, 1455 m (Parkplatz) bzw. 1513 m (Restaurant); am gleichnamigen See, Naturschutzgebiet. Postautoverbindung von Sion über Erde (2 Verbindungen täglich, etwa 1¼ Std.

Fahrzeit, 32 km). Kühn angelegte und schmale Zufahrtsstraße, Parkmöglichkeiten 300 m vor dem See.

**Höhenunterschied:** 580 m.

**Anforderungen:** Unschwierige Bergwanderung auf durchwegs guten, markierten Wegen.

**Einkehrmöglichkeiten:** Zwei Hütten in Anzeindaz (1876 m) sowie Gasthaus in Derborence, Mai bis Oktober bewirtschaftet, auch Unterkunft möglich.

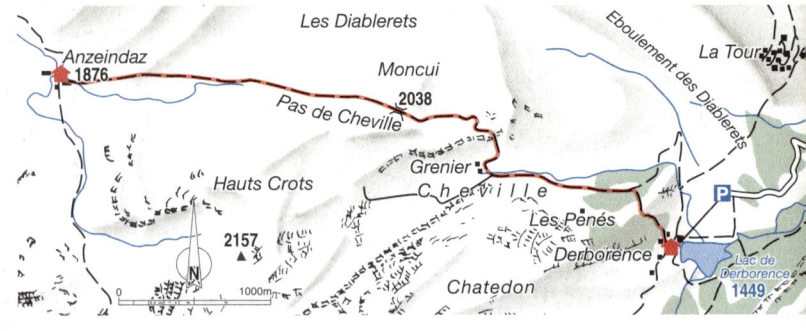

Nur wenige Minuten vom Parkplatz bzw. von der Bushalte-stelle in **Derborence** entfernt liegt der gleichnamige See, etwas darüber das Restaurant. Gleich dahinter führt der

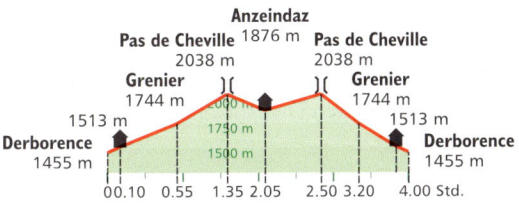

Weg mit wenigen Kehren in den lichten Wald hinauf und biegt dann bald in das Cheville-Tal ein. Bei den Hütten von **Grenier** wird der Bach überquert, und mit einigen Serpentinen steigt der Weg durch eine beiderseits von Fels-abbrüchen flankierte Rinne zur Hochfläche auf. Dort ist auch schon fast der **Pas de Cheville** erreicht. Hier beeindrucken vor allem die wilden Südab-stürze der Diablerets, vom Sommerskigebiet auf seiner Nordseite kann man glücklicherweise nichts bemerken. Über die Talschlucht der Lizerne hinweg erblickt man die Schneegipfel der Walliser Alpen, allen voran das Weiss-horn. Fast genau in westlicher Richtung bringt uns der Pfad leicht abwärts in das Becken und zu den Hütten von **Anzeindaz**, wo wir ganz sicher ein-kehren werden, auch eine Übernachtung wäre hier möglich. Der Rückweg erfolgt auf der gleichen Route.

*Am Lac de Derborence, dahinter Croix de la Cha und Mond Gond.*

### Rundwanderung durch ausgedehnte Weingärten unter hohen Felsmauern

*Dieser Weinbau-Lehrpfad trägt den Namen »Sentier du cep a la cime«, also der Weg vom Rebstock zum Gipfel. Die Rundwanderung entgegen des Uhrzeigersinns verläuft auf einem der größten Schwemmkegel der Schweiz. Er bietet mit dem örtlichen Klima durch die umgebenden riesigen Felsbastionen, welche die kalten Nordwinde (Bise) abwehren, und seiner Bodenbeschaffenheit optimale Bedingungen für den Weinbau. In St-Pierre-de-Clages steht die berühmte romanische Kirche aus dem 11. Jh., ein bedeutendes Walliser Kulturgut. Dann wären auch noch das Höhlenmuseum und die Kunstgalerie in Grugnay absolut sehenswert.*

**Talort, Ausgangspunkt:** St-Pierre-de-Clages, 518 m, Parkplatz 200 m östlich vom Zentrum an der Kantonsstraße.
**Höhenunterschied:** 290 m.
**Anforderungen:** Leichte Bergwanderung auf gut markierten Wegen. Hin und wieder einige steile Passagen in den Weinbergen.
**Einkehrmöglichkeiten:** In St-Pierre-de-Clages, Grugnay und Chamoson.

Vom Parkplatz in **St-Pierre-de-Clages** nordöstlich auf einem Radweg zwischen Reben und Kantonsstraße, bis an einem Wegweiser eine Straße links abbiegt. Die Wegweiser des Lehrpfades leiten bald in die Reben, die sich unter gewaltigen senkrechten Felswänden hinbreiten. Den Wegweisern folgend in steilerem Gelände bergauf. Im Norden werden die Felsbastionen der Haut de Cry sichtbar. Dieser fast 3000 m hohe Wall schützt die Weinberge vor kalten Nord- und Westwinden. Der Wanderer ist gefangen von die-

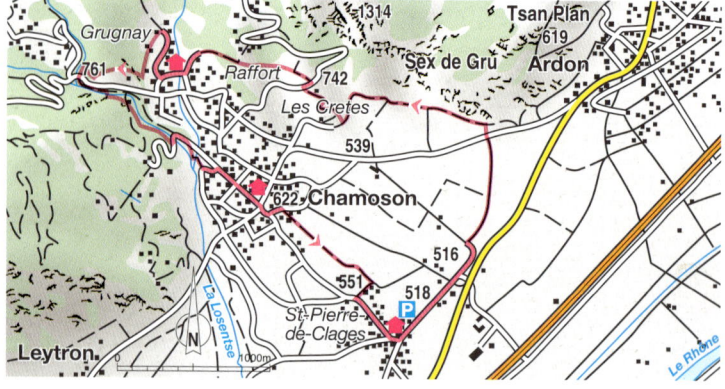

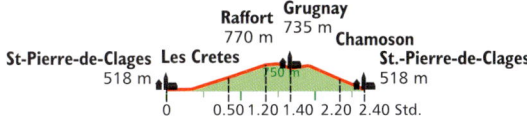

Raffort 770 m
Grugnay 735 m
Chamoson
St-Pierre-de-Clages 518 m
Les Cretes
St.-Pierre-de-Clages 518 m

0  0.50  1.20  1.40  2.20  2.40 Std.

sem von drei Seiten umfassten Kessel. Die Kunst des Trockenmauerbaus ist bei jedem Schritt zu bewundern. Auf verschiedenen Tafeln wird die Vielfalt dieser alten Kulturlandschaft sowie ihre Botanik, Tierwelt und Geologie dargestellt. Bei den Reben von **Raffort** haben wir nahezu den höchstgelegenen Abschnitt der Wanderung erreicht, bald geht es wieder abwärts nach **Grugnay**. An warmen Sommertagen ist man froh, dass der Abstieg von Grugnay aus entlang dem Losentse-Bachs und zu großen Teilen im Wald verläuft. Nach **Chamoson** geht es wieder durch ausgedehnte Weingärten sanft hinab nach **St-Pierre-de-Clages**. (Autor: Heinz Müller)

*Unser Weg führt mitten durch die Weinberge.*

### Kühner Aussichtsgrat hoch über dem Rhônetal

Nur an wenigen Stellen der Alpen steht man an einem solch senkrechten Abruch und derart hoch über einem belebten Tal, 1000 m über den Rebbergen am Fuß dieser chaotisch wilden Felswände. Wir fanden es immer wieder faszinierend, in aller Ruhe dem Treiben zu unseren Füßen wie von einer Wolke herab zuzuschauen! Auch die Fernsicht kann sich durchaus sehen lassen: Mont Blanc, Grand Combin und Bietschhorn sind nur einige der markanten Punkte.

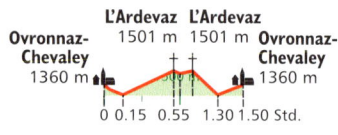

Die keilförmige Wand des Ardevaz fällt schon bei der Fahrt von Martigny rhôneaufwärts ins Auge; der Berg besteht als Teil der »Morcles-Decke« aus einer überdimensionalen Falte, wobei ein Teil normal und ein anderer Teil umgekehrt geschichtet ist, also älteres über jüngerem Gestein liegt.

**Talorte:** Leytron (501 m), Chamoson (610 m).

**Ausgangspunkt:** Ovronnaz, Weiler Chevaley (1360 m); Postautohalt (ungefähr 6 Verbindungen täglich von Leytron, Fahrzeit ca. 30 Min., 13 km); mit dem eigenem Kfz nach Mayens de Chamoson, Abzweigung von der Verbindungsstraße nach Ovronnaz an einer Kreuzung wenig vor dem Sattel (1310 m, Wegweiser, Parkmöglichkeit).

**Höhenunterschied:** 280 m.

**Anforderungen:** Auch wenn dies eine sehr kurze Wanderung ist, erfordert sie doch absolute Trittsicherheit und Schwindelfreiheit, da sie an einer Abbruchkante entlangführt und an einigen Stellen dazu sehr steil angelegt ist; dazwischen eine kurze gesicherte Passage. Nicht unmittelbar nach Regen begehen, da der Weg dann gefährlich rutschig ist. Unterwegs keine Einkehrmöglichkeit.

*Rückblick vom Ardennaz-Aufstieg in den Ovronnaz-Kessel.*

Von **Ovronnaz-Chevaley** etwa 200 m weiter auf der Straße, dann auf schmalem Weg nach rechts hinab zum tiefsten Punkt am Beginn des Ardevaz-Rückens (hier auch Parkmöglichkeit). Direkt auf dem Kamm bequem und schattig entlang, erst kurz vor dem Fels **La Lacha** wird's dann ordentlich steil – nach rechts kann man schon erste schaurig schöne Tiefblicke genießen. Die folgenden Felsen werden auf steilem und erdigem Pfad nach ganz kurzer »Klettersteig-Einlage« auf der linken Seite umgangen, gleich darauf gelangt man wieder auf den Grat. Nun immer am Grat entlang oder wenig links darunter zum höchsten Punkt von **L'Ardevaz**; die beste Aussicht hat man allerdings noch ein Stückchen weiter vorne am P. 1474 m, wo der Berg nach Süden und Westen mit steilen Felswänden abbricht und völlig freie Sicht ermöglicht.

Auf gleichem Weg zurück, jedoch ist besondere Vorsicht beim Abstieg über die kammnahen Steilstücke erforderlich.

**Schöne Höhenwanderung zu einem mit schroffen Felswänden ins Rhônetal abbrechenden Aussichtsberg**

*Grand Garde, übersetzt der »Gro-ße Wächter«, wartet – wie auch seine Nachbarn – hinter einem schroffen Absturz zum Rhônetal mit einem sehr wanderfreund-lichen Höhenrücken an seiner Rückseite auf. Durch die Höhenla-ge von Ovronnaz als Ausgangs-punkt halten sich die Aufstiegsmü-hen in sehr erträglichen Grenzen. Wie bei sämtlichen Unternehmun-gen im Bereich Muveran-Diable-rets kann man auch auf dieser Tour großartige Gesteinsschich-tungen an den Gipfeln studieren: Die hier aufliegenden »Helveti-schen Decken« mit teilweise gi-gantischen Verfaltungen sind Sedi-mentablagerungen des Urmeeres (Tethis) aus der Zeit vor der Alpen-entstehung, folglich herrscht Kalk mit tonigen und mergeligen Zwi-schenschichten vor.*

**Talort:** Ovronnaz, 1420 m; hoch über dem Rhônetal gelegener Ferienort. Bus-verbindung mit Leytron (etwa 6 Verbin-dungen täglich, Fahrzeit ungefähr 30 Min., 13 km).

**Ausgangspunkt:** Ovronnaz oder Alpe Odonne (1597 m) etwas ober-halb des Orts, auf einem schmalen Fahrweg erreich-bar.

**Höhenunterschied:** 680 m von Odonne, 860 m vom Sportzentrum in Ovronnaz.

**Anforderungen:** Durch-weg einfache Wanderung auf Alpstraßen und markierten Pfaden.

**Einkehrmöglichkeit:** Lui d'Aout (1959 m, wenig unterhalb Petit Pré, bew. Juli bis Sept., im Juni und Oktober an den Wochen-enden, 70 Plätze, Tel. 027/7441420).

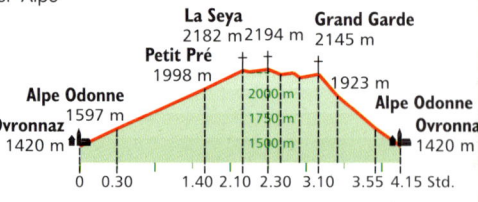

86

Wir starten bei der **Alpe Odonne**, die wir auf schmaler Straße vom Sportzentrum **Ovronnaz** mit dem Auto oder in gut 30 Min. auf einem Fußweg erreichen können.

Ab hier wandern wir auf dem Fahrweg gemütlich in den nächsten Taleinschnitt, biegen dort nach links ab und steigen zur **Alp Petit Pré** auf. Diese Alm liegt am Beginn der Hochebene **Euloi** im Kessel unter Dent Favre, Muveran und Chavalard. Der Weiterweg zweigt im spitzen Winkel nach links ab zum Bergrücken **Montagne de Quieu**, den wir nach nur kurzem Anstieg nahe der Erhebung **La Seya** erreichen. Der kurze Abstecher dorthin lohnt sich, dann können wir bei herrlichem Panorama am Grat entlanggehen bis zum **Grand Garde**. In Form einer abschreckend steilen Schrofenflanke bricht hier der Kamm zum Rhônetal ab – ein echter Höhepunkt wegen der Rund- und Talsicht.

Im Abstieg wenden wir uns nach Osten und steigen auf dem Pfad durch lichten Lärchenbestand zu einer Alm ab. Wenige Meter unterhalb der Hütte stoßen wir auf einen Weg, der in nördlicher Richtung diagonal durch die Flanke hinunter nach **Odonne** zieht; dabei wechseln sich bewaldete Abschnitte mit baumfreien Bereichen ab und bieten immer wieder schöne Aussichten.

*Auf der Aussichtswarte La Seya: Haut de Cry über dem Ovronnaz-Kessel.*

**Blaugrüne See-Augen und ein Aussichtsbalkon par excellence**

Selten führen Panorama-
wege so hoch und steil
über dem Talgrund wie
dieser Steig. Zum ohne-
hin großartigen Wal-
lis-Panorama und den
beeindruckenden Tief-

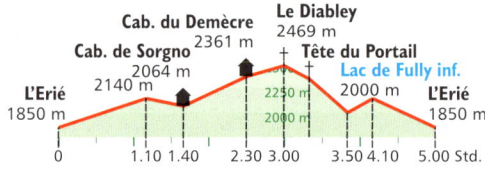

blicken gesellt sich ab der Cabane du Demècre auch noch eine prächtige
Aussicht zu den Dents du Midi und in Richtung der Mont-Blanc-Gruppe. Der
untere der beiden Seen ist natürlichen Ursprungs, der obere ist aufgestaut.

**Talort:** Fully (473 m), weitläufige Wein-
und Obstbauerngemeinde am Rhône-
knie, nur 5 km von Martigny entfernt. Busverbindung mit Martigny

**Ausgangspunkt:** Alm L'Erié, 1850 m,
auf einem abenteuerlich steilen, nur anfangs asphaltierten Sträßchen von Fully
über die Weiler Eulo, Buitonne und Chi-
bo, dann auf schotterigem Almweg
(manchmal schlechter Zustand) über den
Randonne-Graben zu erreichen; Parkplatz.

**Höhenunterschied:** 850 m.

**Anforderungen:** Gute und ausreichend markierte Wanderwege, jedoch ist
eine gewisse Schwindelfreiheit nötig, da
auch steile Flanken zu queren sind.

**Einkehrmöglichkeiten:** Cabane de
Sorgno nahe dem Lac de Fully inf. (2064 m,
Tel. 027/7462426); Cabane du Demècre
am gleichnamigen Col (2361 m, Tel.
027/7463587); im Sommer einfach bewirtschaftet, auch sonst sind die Hütten nicht
verschlossen; Übernachtung möglich.

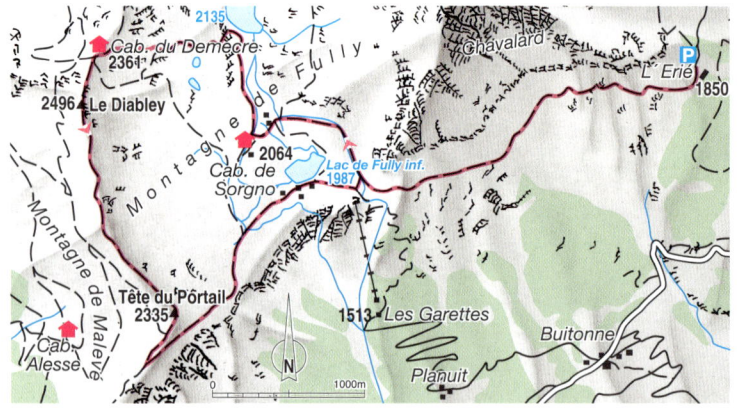

*Abenteuerlich luftige Aussicht über das Rhônetal vom Tête du Portail.*

Nach der verwegenen Auffahrt über das steile Sträßchen von Fully bleibt am Parkplatz der **Alp L'Erié** wenig Zeit, um sich zu erholen, dann geht's bereits auf dem Pfad in die steile Flanke unter dem Chavalard. Man folgt hier einem großen bewachsenen Band zwischen schroffen Felsabbrüchen und kommt darauf leicht ansteigend an die Kante am **Fully-Becken**. In einem Bogen um den unteren **Lac de Fully** herum führt der Weg zur **Cabane de Sorgno** – eine erste Erfrischungspause ist hier sehr zu empfehlen.

Der Weiterweg leitet taleinwärts über die kleine Stufe an die Staumauer des oberen Lac de Fully; dort biegt man in westliche Richtung ab und steigt über das von geschliffenen Felsen durchsetzte Rasengelände. Man gelangt so bald zum **Col de Demècre** mit der in einer Grabenfurche fast versteckten **Cabane du Demècre** – an diesem Ort kann man der Versuchung zu einer zweiten erfrischenden Rast kaum widerstehen (aber bitte das Zahlen auch dann nicht vergessen, wenn der Wart nicht oben ist – beide Hütten sind vorbildlich eingerichtete Selbstversorgerhütten. Und das soll doch auch so bleiben).

Kurz, aber steil steigt man dann zum **Diabley** auf und folgt ab hier dem überaus aussichtsreichen Kamm in südlicher Richtung bis zur **Tête du Portail**, dem äußersten südwestlichen Eckpunkt der Berner Alpen. Hier oben an einem warmen Sommernachmittag zu sitzen, mit dem Fernglas Dents du Midi, Mont Blanc und Grand Combin zu studieren oder dem geschäftigen Treiben tief unten im Talboden von Martigny zuzuschauen – so kann man sich das Ideal einer Gipfelrast vorstellen.

Die Schlussetappe führt nun wieder nach Osten, erneut atemberaubend hoch über dem Tal, zum unteren Lac de Fully, von dem aus man nach kurzem Anstieg wieder zum ersten Teil des Zustiegsweges von **L'Erié** gelangt.

**Am Rand eines Skigebietes zu den größten Lärchen der Schweiz**

*Absolut einmalig sind die Lärchen von Balavaux: Bäume mit derartig großen Stammdurchmessern dürfte man woanders im Alpenraum kaum noch finden. Die bekannt malerische Erscheinungsform dieser Giganten an der Baumgrenze ist allein schon einen Besuch dieses Hochgebirgsparks wert. Einige Bäume haben einen Stammdurchmesser von über 2 Metern, für manche der Exemplare wurde ein Alter von mehr als 1000 Jahren nachgewiesen. Unsere kurze Gipfeltour zu einem äußerst reizvollen Aussichtsgipfel über dem unteren Rhônetal führt auch hinunter in diese »Park«-Landschaft auf über 2000 m Meereshöhe.*

**Talort:** Haute Nendaz, 1365 m; Postauto-Verbindung mit Sion (dichter Fahrplan, etwa 22 km).

**Ausgangspunkt:** Bergstation Tracouet, 2200 m; Gondelbahn von Haute Nendaz, Betrieb im Sommer ca. von 8.30 bis 17.00 Uhr. Zu Fuß auf guten Wegen im Wald und über Pistengelände etwa 2 Std. Von der Straße Nendaz-Isérables zweigt ein unbefestigter, schmaler und steiler Fahrweg zur Alp- und Feriensiedlung Prarion ab und führt weiter über die Balavaux-Alp nach Tracouet.

**Höhenunterschied:** 410 m.

**Anforderungen:** Wenig schwierige Bergwanderung auf guten, teils auch ausgesetzten Pfaden und Wegen.

**Einkehrmöglichkeit:** In der Station Tracouet; Cabane de Balavaud, bew. Juli bis Sept., 40 Plätze, Tel. 027/3065567.

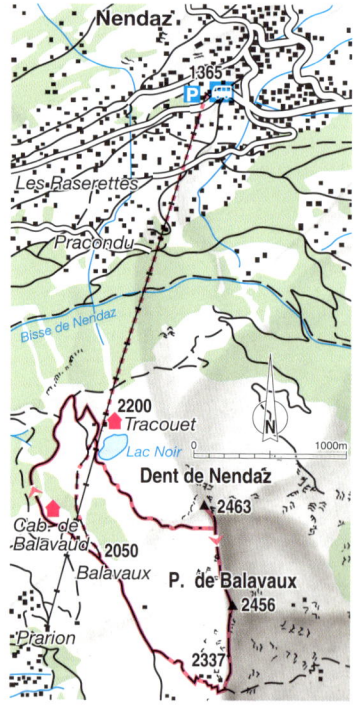

Von der Station **Tracouet** ist man mit wenigen Schritten am **Lac Noir**, einem Moorsee mit tatsächlich sehr dunklem Wasser. Der gut markierte Weg führt am See vorbei und zieht hinauf zum Westrücken. Nunmehr entweder direkt über den mit einigen Felsblöcken bestandenen Rücken oder knapp darunter auf der Südseite zum nahen **Dent de Nen-**

**daz** – kaum aufgewärmt ist man auch schon oben. Übrigens: Bis unter den Gipfel führt ein Stollen vom Lac des Dix her und geht dann als Druckleitung hinunter ins Rhônetal; damit wurde eine Verdoppelung der Energieausbeute erreicht (vgl. Tour 22). Stellen-

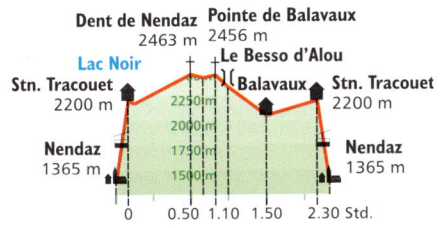

weise etwas ausgesetzt führt der Weg sodann nach Süden am Gratrücken entlang bis zur nächsten Erhebung, der **Pointe de Balavaux**; hier spürt man schon fast nichts mehr vom nahen Skigebiet, die Aussicht ist jedoch immer noch hervorragend. Ein kurzer Abstieg leitet nach Süden zur nächsten Scharte, wo sich zwei Wege kreuzen: Nach links geht es ins Nendaztal, geradeaus über den Rücken hinauf zum Plan du Fou – also in den Bereich der Skilifte von Super Nendaz; wir nehmen den Weg rechts hinab, also nach Westen, zur **Alpe Balavaux**. In einigen Serpentinen kommen wir damit in den Bereich der Waldgrenze, womit wir schon unter den Lärchen-Giganten stehen. Bereits wenig unterhalb des Fahrwegs, auf dem wir wieder zum Ausgangspunkt zurückwandern werden, finden sich wahre Prachtexemplare.

Von der Alp kann man eine Abkürzung entlang einer Pistenschneise nach **Tracouet** nehmen, aber auch der Fahrweg ist wegen der Aussicht als Rückweg durchaus zu empfehlen.

*Ausblick vom Anstieg zum Dent de Nendaz in Richtung Berner Alpen.*

*Herrliches Almgelände mit tollen Lärchenbeständen*

*Diese Wanderung führt uns vom Rhônetal über den breiten Rücken mit dem Pas du Lin, auf dem sich große Alpgebieten ausbreiten, ins untere Entremont – immer wieder begleitet von herrlichen Ausblicken in die Täler und auf die umliegenden Berggruppen.*

*Parallel zur Route gibt es eine schmale Fahrstraße, man kreuzt diese auch mehrfach, benutzt sie aber nur auf kurzen Strecken. Die gesamte Wanderung ist gut 19 km lang, bei einem Höhenunterschied von fast 1200 m – es empfiehlt sich daher, entweder an einem der Etappenorte zu übernachten oder eine Teil des Anstiegs oder (besser) des Rückweges mit dem Bus zu machen.*

**Ausgangspunkt:** Martigny, 476 m; Verkehrsknotenpunkt zwischen Rhônetal und der Aosta- und Chamonix-Route. Ausgangspunkt für die Bahnen nach Châtelard/Chamonix (MC-Bahn) und nach Orsières/Le Châble (Bernard-Express, MO-Bahn), Autobahnanschluss nach Lausanne und Sion.
**Endpunkt:** Sembrancher (717 m); an der Vereinigung der Drancetäler (Val de Bagnes, Val d'Entremont), Station des Bernard-Express, an der Schnellstraße Martigny–Aosta gelegen.
**Höhenunterschied:** 1180 m.
**Anforderungen:** Leichte Wanderung auf guten Wegen.
**Einkehrmöglichkeiten:** Gasthaus in Chemin Dessous (mit Aussichtsterrasse), Chemin (wunderschöner alter Hotelbau), Col des Planches und Pas du Lin (schönes Almgelände mit freistehenden Bäumen und herrlicher Aussicht), außerdem Gasthäuser in Levron, Vollèges und Sembrancher.

Der Aufstieg nach Chemin beginnt direkt hinter dem Friedhof von **Martigny**, der vom Zentrum durch die Altstadt in Richtung Expo erreichbar ist. Der Weg führt steil im Wald nach **Chemin Dessous**, einer aussichtsreichen Siedlung auf einer Rodungsinsel, und dann wieder in dichten Wald, wobei die

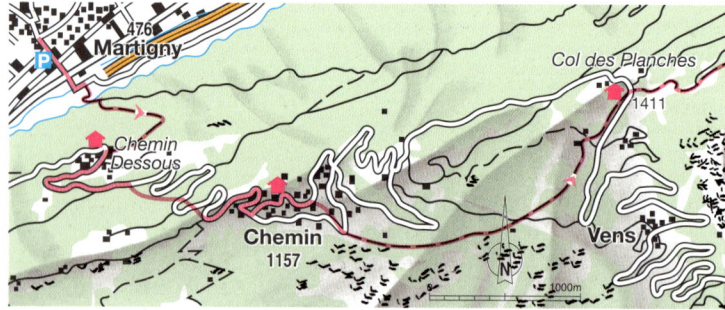

*Die Gruppe des Grand Combin vom Pas du Lin aus.*

Kehren der Fahrstraße abgekürzt werden. In Chemin verrät der Baustil vieler alter Häuser, dass hier schon vor mehr als 100 Jahren eine bevorzugte Sommerfrische bestand. Der Weiterweg steigt mit schönen Tiefblicken ins Drancetal auf der Südseite des Rückens schräg an, quert einen Trockenwald und erreicht über den »**Sentier des Mines**« mit interessanten Informationen zum früheren Erzabbau in dieser Region das Almgelände des **Col des Planches**.

Für den Höhenweg zum Pas du Lin nehmen wir am günstigsten den Fahrweg, der hier einen Naturbelag hat; wir kommen dabei am Sattel des **Col du Tronc** vorbei (Abzweigung einer Abkürzung nach Levron sowie des Abstechers zum Aussichtspunkt **La Crevasse**, der freien Blick in die Umgebung bietet; etwa 40 Min. Aufstieg, zurück zum Col du Tronc 20 Min.) und wandern dann durch einen herrlichen Lärchenbestand zum **Pas du Lin**.

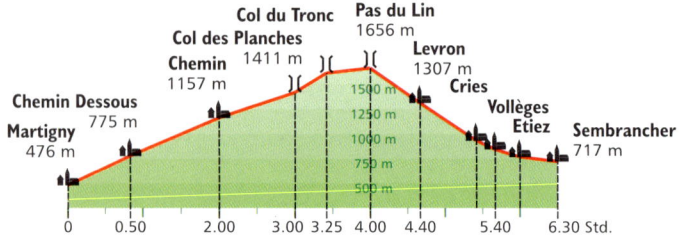

Der Abstieg nach **Levron** lässt die Fahrstraße links liegen, führt tiefer unten ein Stück weit unter einer Felszone entlang und kommt dann bald in den Ort. Es empfiehlt sich, ab hier den Bus nach Sembrancher zu nehmen; zu Fuß geht man auf dem Weg durch die Wiesen hinab, erreicht bei **Cries** den bewachsenen Schwemmkegel aus dem Kessel unter dem Pierre Avoi und kommt dann direkt nach **Vollèges**. Das letzte Stück teilweise auf der Straße, teilweise auf Wiesenwegen nach **Sembrancher** hinunter.

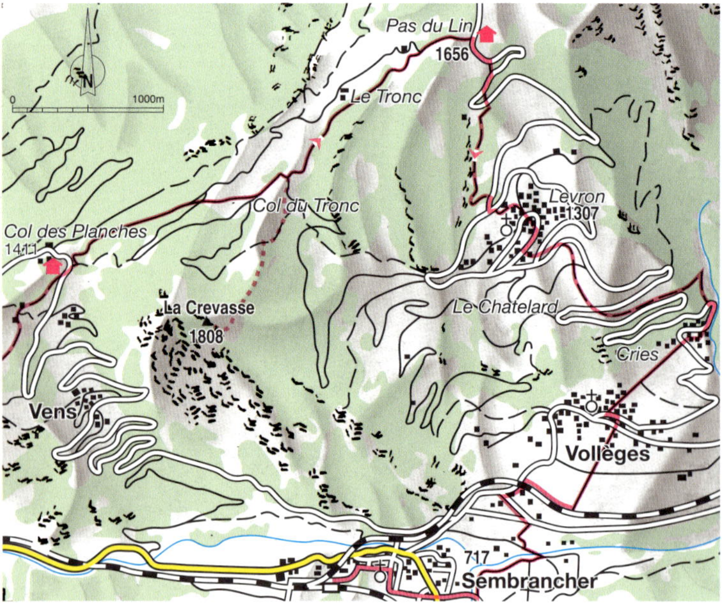

**Aussichts-Höhepunkt über dem Rhôneknie bei Martigny**

*Als frecher Felsspitz fällt der Pierre Avoi schon vom Rhônetal her auf, von seiner Südostseite her kann er überraschend leicht bestiegen werden. Trotz der erheblichen Eingriffe in die Landschaft (Almstraßen und Liftanlagen) findet man hier ein blumenreiches Mattengelände, in der Höhenstufe darunter auch schönsten Lärchenwald. Bereits während der Auffahrt hat man eine schöne Aussicht auf die westlichen Berner Alpen und tief hinunter ins Rhônetal, ab der Bergstation kommt dann noch das tolle Panorama auf die Combin- und Mont-Blanc-Gruppe dazu.*
*Der Fahrweg zum Croix de Coeur und nach Savoleyres ist in schlechtem Zustand, außerdem würde man sich mit einer Auffahrt im Auto um den wirklich schönen Abstieg von Savoleyres hinunter nach Mayens de Riddes bringen. Ein Teil des Bergerlebnisses bliebe dann – im wahrsten Sinn des Wortes – auf der Strecke. Auch von Verbier aus lässt sich Savoleyres mit einer Gondelbahn erreichen.*

*Vom Pierre Avoi hat man einen herrlichen Überblick über die Region des Grand Combin.*

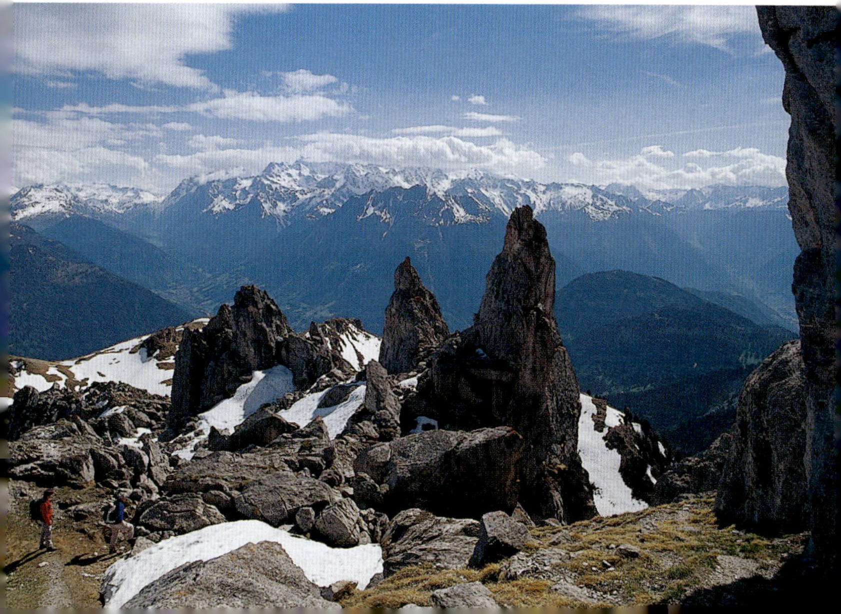

**Talort:** Mayens de Riddes (Tzoumaz), 1520 m. Riddes, 475 m, SBB/CFF-Halt; von dort Busverbindung nach Mayens de Riddes (3 Verbindungen täglich, Fahrzeit: 25–30 Min.) oder mit dem Bus von Isérables (5 Verbindungen), das durch eine Seilbahn mit Riddes verbunden ist (Betrieb etwa zwischen 6.00 und 20.30 Uhr).

**Ausgangspunkt:** Bergstation der Gondelbahn Mayens de Riddes-Savoleyres, 2354 m (Betrieb von Ende Juni bis Anfang Sept.). Gute Parkmöglichkeiten an der Talstation.

**Höhenunterschied:** 150 m im Aufstieg, 950 m im Abstieg.

**Anforderungen:** Sehr gute Wanderwege bis ca. 30 m unter den Gipfel, auf den eine völlig unschwierige Steiganlage mit Stufen und Geländer führt.

**Einkehrmöglichkeiten:** An der Bergstation Savoleyres, außerdem Restaurant in Les Etablons.

*Hoch über dem Rhônetal erhebt sich der Felszacken des Pierre Avoi.*

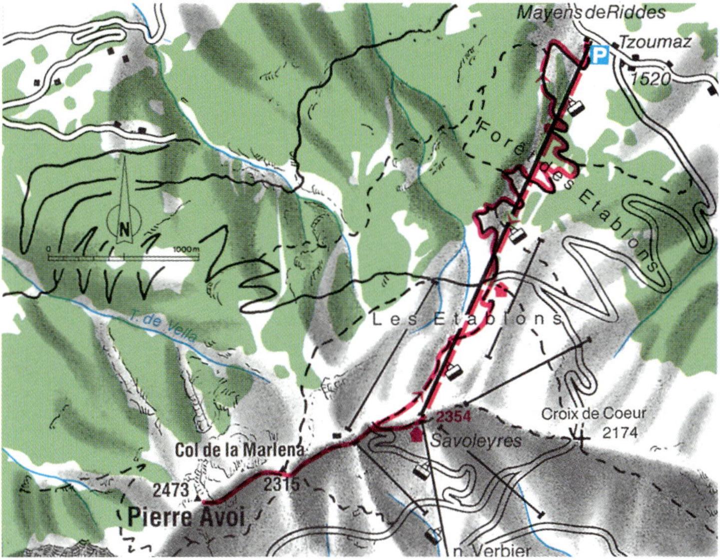

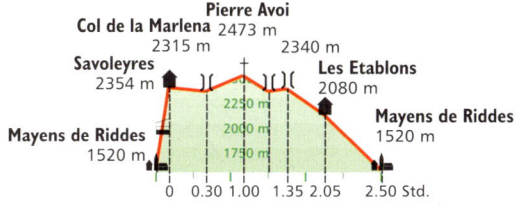

Von der Bergstation in **Savoleyres** führt der gute Weg über den breiten Gratrücken (man kann ruhig den jeweils obersten Pfaden folgen – die Aussicht lohnt sich) unfehlbar an die Südostseite des felsigen Gipfelaufbaus. Der kurze Schlussanstieg zum **Pierre Avoi** ist durch eine Eisenstiege, in den Fels gehauene Stufen und ein Drahtseilgeländer für jeden, der halbwegs schwindelfrei ist, ohne Weiteres in wenigen Minuten zu bewältigen.

Rückweg nach Mayens de Riddes: Vom Gipfel kehrt man wieder zurück über den **Col de la Marlena** zur Einschartung vor **Savoleyres** (Wegweiser). Hier folgt man dem guten Weg nach **Les Etablons**, wobei man einen wunderschönen lichten Lärchenbestand durchquert. Der weitere, kehrenreiche Abstieg nach **Mayens de Riddes** folgt dem Ziehweg im Bereich der Schneise der Gondelbahn.

### Idealblick zum Grand Combin, hoch über dem Val de Bagnes

*Der ganze Weg ist eine Aussichtspromenade ersten Ranges gegenüber dem Grand Combin; »Chamois« heißt Gämse, doch wird man eher auf Steinböcke (Bouquetin) treffen, die hier wirklich häufig vorkommen. Vorsicht: Diese Tiere treten nicht selten Steine los, die auf den steilen Hängen mit hoher Geschwindigkeit und wegen des Grasbewuchses oft fast lautlos daherkommen – also besonders im letzten Stück vor dem Col Termin nicht in den Rinnen stehen bleiben und immer das Gelände oben im Auge behalten, vor allem, wenn dort Tiere zu sehen sind.*

*Hinweis: Im Kessel unter der Cabane du Mont Fort beginnt eine Wasserleitung, die im frühen Mittelalter erbaut wurde und das Wasser nach Norden oberhalb von Verbier vorbei und durch den chaotischen Felskessel unter dem Pierre Avoi bis nach Levron führte (Bisse du Levron). Sie wurde teilweise wieder restauriert und verspricht ebenfalls eine interessante Wanderung.*

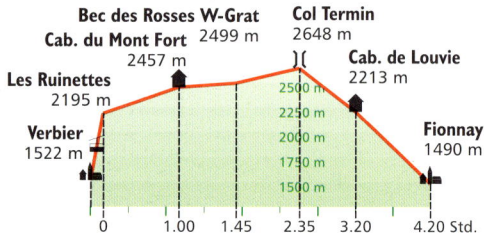

**Talorte:** Verbier, ca. 1500 m; Postauto-Verbindung und Seilbahn mit sehr dichtem Fahrplan von Le Châble (Endstation des Bernard-Express von Martigny, Abzweigung ins Val de Bagnes). Parken am besten in Le Châble, 820 m, da man nach der Tour hierher zurückkehrt.
**Ausgangspunkt:** Les Ruinettes (2195 m), Seilbahn von Verbier.
**Endpunkt:** Fionnay (1490 m); Postauto-verbindung mit Le Châble (4 Verbindungen täglich, am besten die letzte Rückfahrt vor Beginn der Wanderung erfragen,

etwa 17.30 Uhr).
**Höhenunterschied:** 550 m im Aufstieg, 1200 m im Abstieg.
**Anforderungen:** Gute und markierte Wege, teilweise aber durch recht steile Flanken, daher ist Schwindelfreiheit nötig.
**Einkehrmöglichkeiten:** Cabane du Mont Fort, SAC, (20 Min. oberhalb des Weges gelegen) und Cabane de Louvie, privat; beide Häuser sind im Sommer bewirtschaftet und bieten auch Übernachtungsmöglichkeiten.

*Ständiger Begleiter am Höhenweg ist das Combin-Panorama.*

Von der Station **Les Ruinettes** geht man nur kurz auf dem breiten Fahrweg, dann links abzweigend auf dem Fußweg über das Pistengelände zur **Cabane du Mont Fort**. Die Hüttenbesucher müssen dann zum Höhenweg in den obersten Kessel der **Alpe von La Chaux** wieder absteigen, anschließend führt der **Sentier des Chamois** hinauf zu einem ersten Kamm, wo sich ein besonders schöner Blick zum Grand Combin auftut. Nun gehen wir den weiten Kessel unter dem Bec des Rosses aus, immer wieder über kleine Rippen und Gräben hinweg, zuletzt quer durch den steilen Wiesenhang zum **Col Termin**. In wenigen Minuten kann man über Steilwiesen und einige Schrofen den danebenstehenden Hügel erreichen, ganz vorne mit Tiefblick zum Lac de Louvie. Westlich unter dem Gupf zieht der Weg nun an den **Têtes de Louvie** hinunter und schwenkt dann zum **Lac de Louvie** mit der gleichnamigen Cabane an seinem südlichen Ufer ein.

Am Graben des See-Abflusses führt der Talweg steil hinab. Sobald man auf die ersten Bäume stößt, biegt der Weg nach links über das Val de Bagnes ein und führt durch eine von Felsen durchsetzte Flanke zu den Steilwiesen über **Fionnay**, das man über wenige Serpentinen erreicht.

*Abendlicher Blick aus der Umgebung des Cabane du Mont Fort auf den Combin.*

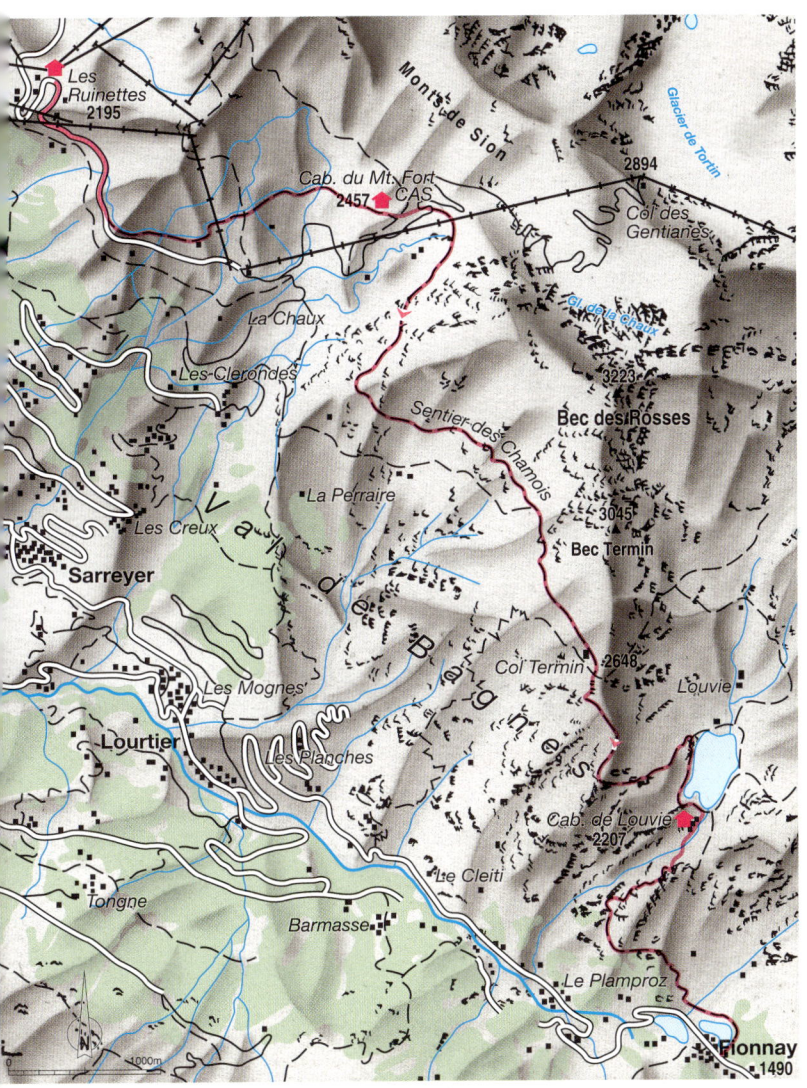

Les Ruinettes
2195

Monts de Sion

Glacier de Tortin

Cab. du Mt. Fort
2457  CAS

2894

Col des Gentianes

La Chaux

Glacier la Chaux

Les Clerondes

3223

Sentier des Chamois

Bec des Rosses

La Perraire

3045

Bec Termin

Les Creux

V  a  l

Sarreyer

d  e

Col Termin  2648

Louvie

B  a  g  n  e  e  s

Les Mognes

Lourtier

Les Planches

Cab. de Louvie
2207

Le Cleiti

Tongne

Barmasse

Le Plamproz

N

0        1000m

Fionnay
1490

### Aussichtsstation zwischen dem Val de Bagnes und Val d'Entremont

*Vom Petit Combin zieht dieser Höhenkamm weit nach Norden und bietet ein weitläufiges Wandergebiet hoch über den Tälern. Auf langen Strecken hat man schöne Blicke hinunter ins Val d'Entremont und ins Val de Bagnes sowie hinüber zum Mont Blanc und zu den Gipfeln des Grand Combin. Beim Rückweg quert man große Alpweiden.*

**Talort:** Bruson, 1042 m; ruhiger Ort auf einer Wiesenterrasse oberhalb von Le Châble. Postauto-Verbindung von dort (bis zu 8 Verbindungen täglich, 10 Min. Fahrzeit); Le Châble ist Endstation des Bernard-Express (MO-Bahnlinie) von Martigny.
**Ausgangspunkt:** Moay-La Côt (1549 m); Alpsiedlung und kleines Skigebiet, oberhalb von Bruson gelegen. Postauto-Verbindung mit Le Châble und Bruson (im Sommer 2 Verbindungen täglich, 15 km, ca. 35 Min. Fahrzeit).
**Höhenunterschied:** 1020 m.
**Anforderungen:** Unschwierige, durch ihre Länge aber recht anstrengende Wanderung (18 km; Teilstück der Tour du Val de Bagnes), beim Abstieg über kurze Strecken auch auf undeutlichen Pfadspuren.
**Einkehrmöglichkeit:** Restaurant in La Côt an der Bushaltestelle; Cabane du Col de Mille (bew. Juli bis Sept., im Juni und Okt. an Wochenenden, Tel. 027/2211516).

*Unten: Über das Val d'Entremont blicken wir auf Six Blanc und Tête de la Payanne. Rechts: Gegenüber erhebt sich über dem Val de Bagnes der Mont Fort.*

Von der Bus-Endhaltestelle in **Moay** folgt man dem Weg zur **Alpe Le Larzey** (Wegweiser; TVB = Tour du Val de Bagnes), einem wunderschönen Plätzchen mit lockerem Lärchenbestand hoch über dem Tal. Weiter auf der TVB zu einem Gratrücken, auf dem es stetig ansteigend bis an den **Six Blanc** geht. Hier zweigt ein breiter Weg nach links ab; unser Weg (TVB) bleibt

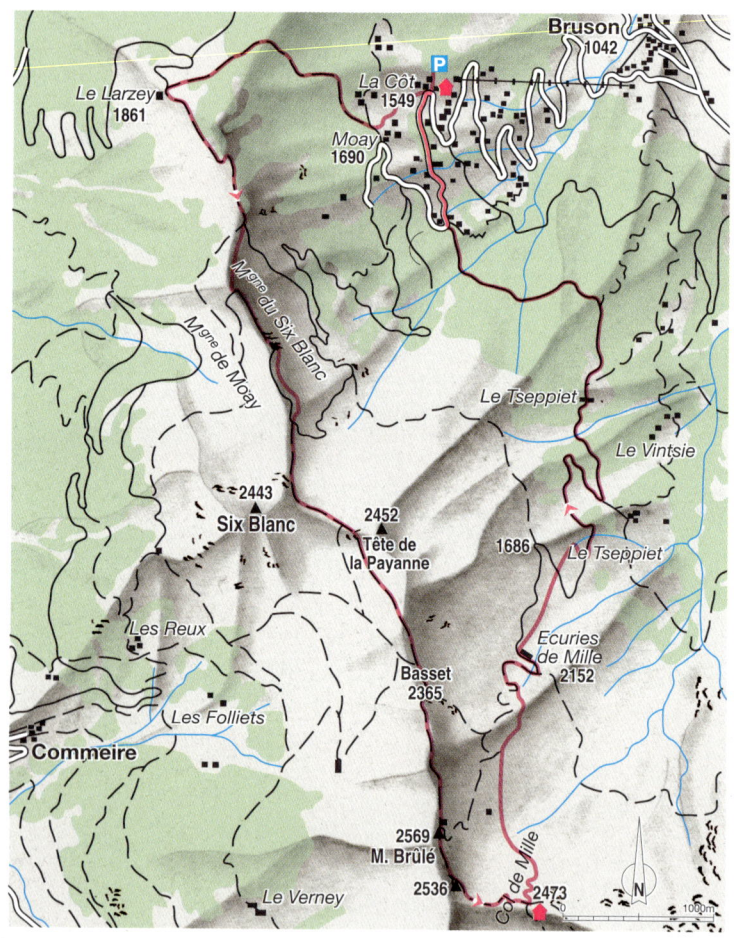

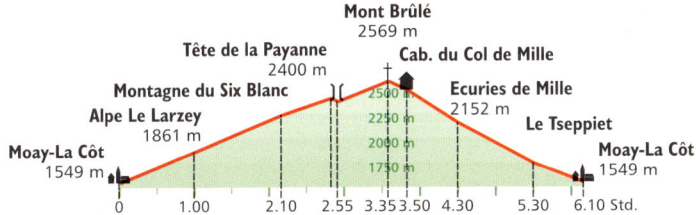

Mont Brûlé
2569 m

Tête de la Payanne
2400 m

Cab. du Col de Mille

Montagne du Six Blanc

Ecuries de Mille
2152 m

Alpe Le Larzey
1861 m

Le Tseppiet

Moay-La Côt
1549 m

Moay-La Côt
1549 m

2500 m
2250 m
2000 m
1750 m

0    1.00    2.10  2.55  3.35 3.50  4.30    5.30  6.10 Std.

noch am Grat, lässt aber dann den Six Blanc rechter Hand liegen und quert
direkt zum nächsten Gipfel, der Tête de la Payanne. Diese wird rechts umgangen bis zu einem breiten Sattel (Basset). Nun wieder am Kamm bzw.
rechts darunter geradeaus zum Gipfel des **Mont Brûlé**.
Der Abstieg erfolgt nach Süden hinab in den **Col de Mille** mit der gleichnamigen Hütte. Nach verdienter Stärkung geht's in steilen Serpentinen nach
Norden hinunter. In gleicher Richtung auf dem Alpgelände leicht abwärts;
der Weg ist hier zwar kaum zu erkennen, man trifft aber unweigerlich auf die
**Ecuries de Mille**, einen riesengroßen, modernen Viehstall. Nun auf dem
langen Fahrweg (etwa 6 km) über die kleine **Alp Le Tseppiet** abwärts bis
zur Bushaltestelle **La Côt**.

*Tiefblick vom Mont Rogneux auf den Höhenrücken des Mont Brûlé; im Hintergrund die
Dents du Midi (links) und die Dents de Morcles/Muveran (rechts).*

### Am Fuße des Petit Combin

*Schon das Gelände um die Cabane Brunet ist es wert, einen Urlaubstag lang »herumzustromern«; besonders sehenswert ist der Kessel unterhalb der Nordwand des Petit Combin mit den vielen mäandernden Bächen in der Schotterebene. Am Col des Avouillons hat man eine eindrucksvolle Aussicht auf den Corbassièregletscher.*

*Als reine Tagesunternehmung ist dies keine übermäßig lange Tour, mit Auf- und Abfahrt zur Hütte und dortiger Einkehr wird die Zeit aber recht schnell knapp. Man sollte also besser eine Übernachtung auf der Hütte mit einkalkulieren, zumal ein Start der Tour bei Tagesanbruch ganz besondere Reize hat. Darüber hinaus bleibt dann auch Zeit für einen Abstecher über den Corbassièregletscher zur Cabane F. X. Bagnoud (siehe auch Tour 36).*

**Talort:** Lourtier, 1072 m; im mittleren Val de Bagnes, Postauto-Verbindung mit der Endstation des Bernard-Express in Le Châble (etwa 10 Verbindungen täglich, 8 km, 15 Min. Fahrzeit).

**Ausgangspunkt:** Cabane Brunet, 2103 m; private Berghütte in herrlicher Aussichtslage an der Waldgrenze hoch über dem Val de Bagnes; Fahrstraße von Lourtier (Taxi oder privater Pkw), zu Fuß etwa 3 Std. auf schattigem und markiertem Waldweg.

**Höhenunterschied:** 720 m.

**Anforderungen:** Leichte Bergwanderung auf markierten Wegen.

**Einkehrmöglichkeit:** Die Cabane Brunet ist fast ganzjährig bewirtschaftet und bietet gute Übernachtungsmöglichkeiten (Anreise am Vortag ist zu empfehlen, Tel. 079/6284916).

Von der **Cabane Brunet** steigt man auf dem Fahrweg in einigen Kehren zum aussichtsreichen Rücken mit der Alphütte **Ecurie de Sery**. Hier zweigt links der Fußweg ab und führt leicht abwärts in den Talgrund, vorbei an abgeschliffenen Felsen nach **Pron Sery**. Über die Brücke des Sery-Baches und jenseits auf Almwiesen bergan, immer mit bester Sicht auf die Nordflanke des Petit Combin. Zuletzt führt der Weg in einem kleinen Kar zum **Col des Avouillons** hinauf. Überraschend ist hier der Blick auf die andere Seite, zum gewaltigen Eisstrom des Corbassièregletschers – ein herrlicher Rastplatz.

In Serpentinen steigt man zur Seitenmoräne des Corbassièregletschers ab (bei gutem Wetter kann

*Auf dem Weg zum Col des Avouillons: Blick zur Nordflanke des Petit Combin.*

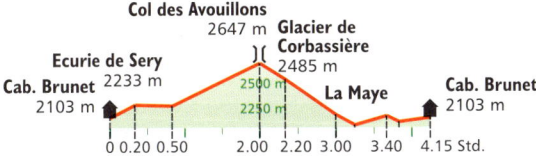

Col des Avouillons
2647 m
Glacier de Corbassière
2485 m
Ecurie de Sery
2233 m
Cab. Brunet
2103 m
2500 m
2250 m
La Maye
Cab. Brunet
2103 m
0 0.20 0.50 2.00 2.20 3.00 3.40 4.15 Std.

man problemlos entlang der Stangenmarkierung über den Gletscher zur Cabane F. X. Bagnoud queren, hin und zurück 2 Std.). Unser Weg führt auf der Moräne talwärts, wir umrunden damit die **Becca de Sery**. Bei der **Alpe La Maye** befinden wir uns bereits gegenüber der **Cabane Brunet**, allerdings trennen uns von dort noch zusammengerechnet fast 200 Hm – die wir im Abstieg in den Talgrund und in kurzem Zwischenanstieg durch eine leicht fallende Querung unter Felsen überwinden.

P
Cab. Brunet
2103
La Ly
Corbassière
Fionnay
Ser
La Maye
2106
Becca de Corbassière
Pindin
La Rionde
2430
2828
Les Capucins
Becca de Sery
Col des Avoullions
Nicliri
Les Avouillons
Glacier de
Corbassière
Cab. F. X. Bagnoud

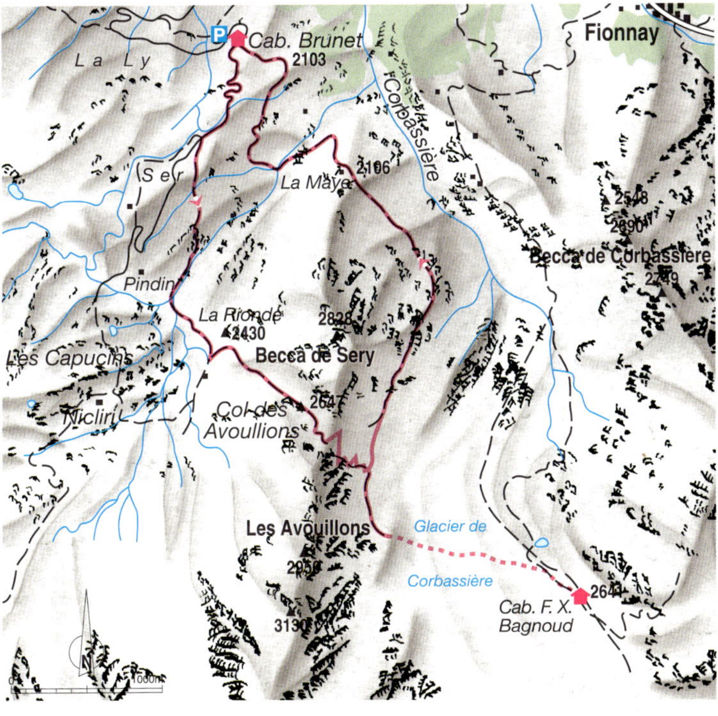

### Im Bannkreis des Gletscherriesen Grand Combin

*Über den Col des Otanes führt die alpine Verbindung von Mauvoisin – bekannt für die eindrucksvolle Mauvoisin-Staumauer, mit 250 m Höhe eine der höchsten in Europa – zur Cabane F. X. Bagnoud am Corbassièregletscher vor der Nordflanke des Grand Combin. Wir befinden uns hier auf einem Teilstück der Tour du Combin, die den ganzen Bergstock als Mehrtagesunternehmung umrundet. Beim Aufstieg zum Col hat man schöne Blicke auf den Stausee und die dahinter aufragenden Gletscherberge wie den Mont Blanc de Cheilon. Das ganze Gebiet ist berühmt für seine reichhaltige Flora. Die Cabane F. X. Bagnoud mit ihrer etwas eigenwilligen Architektur ist der Ersatz für die durch eine Lawine zerstörte frühere Cabane de Panossière.*

**Talort:** Fionnay (1490 m); kleiner Ort im Val de Bagnes.
**Ausgangspunkt:** Mauvoisin (1841 m). Postauto von Fionnay (3 Verbindungen täglich, gut 15 Min. Fahrzeit, 8 km). Parkmöglichkeiten am Restaurant Mauvoisin auf dem Geländeabsatz Punkt 1841 m.
**Höhenunterschied:** 1210 m.

**Anforderungen:** Alpine Wanderung auf gut markiertem Steig.
**Einkehrmöglichkeiten:** Restaurant in Mauvoisin; als Abstecher Cabane F. X. Bagnoud (Panossière), SAC, 2641 m, ein moderner Hüttenbau in Gletschernähe, nachdem die alte Hütte 1988 von einer Lawine völlig zerstört worden war.

*Wie ein arktisches Gebirge: die Nordflanke des Grand Combin vom Col des Otanes aus.*

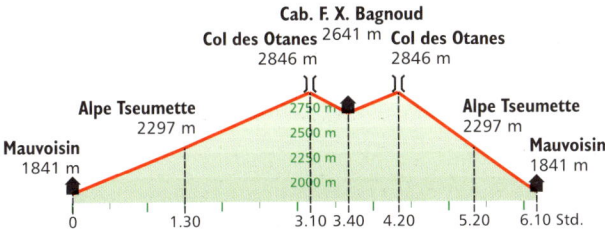

Cab. F. X. Bagnoud
2641 m

Col des Otanes
2846 m

Col des Otanes
2846 m

Alpe Tseumette
2297 m

Alpe Tseumette
2297 m

Mauvoisin
1841 m

Mauvoisin
1841 m

2750 m
2500 m
2250 m
2000 m

0   1.30   3.10 3.40   4.20   5.20   6.10 Std.

Vom Restaurant **Mauvoisin** geht man auf der Kraftwerksstraße noch bis in die nächsthöhere Kurve, wo der Pfad bei einem Wegweiser in westlicher Richtung abzweigt. Hier ersteigt man in kurzen Serpentinen die links oberhalb gelegene, felsdurchsetzte Steilstufe; an der obersten Kehre hat man eine besonders schöne Aussicht auf den Stausee und ins Tal. Gleichmäßig ansteigend quert der Weg nun in den Karkessel **Les Tsantons** und führt nach Überschreiten einiger Bäche zur jenseits gelegenen **Alpe Tseumette** (2297 m).

Der Weiterweg schlängelt sich geschickt durch die steilen und von Felsen durchsetzten Wiesenhänge hinauf in die nächste Karmulde, die vom Col herabzieht. Über einige glattgeschliffene Felsbuckel kommt man an die gegenüberliegende Seite, auf der dann der Weg ziemlich gerade nach Südwesten durch Geröllfelder, eventuell auch einige Altschneefelder, zum breiten Joch führt. Vom **Col des Otanes** quert der Weg die Schotter- und Schneefelder unter dem winzigen Otanesgletscher zu einer weiteren schwach ausgeprägten Einsattelung bei Punkt 2880 m, wo man die allerbeste Sicht in den Corbassière-Gletscherkessel hat.

Der Abstieg vom Sattel zur **Cabane F. X. Bagnoud** führt in einigen Kehren auf gutem Weg zur Moräne und dort etwa 500 m nach rechts (gletscherabwärts) zur Hütte. Der Rückweg erfolgt auf der Anstiegsroute.

## 37 Lac de Mauvoisin – Cabane de Chanrion

6.20 Std.

### Gigantisches Stauwerk am Fuße des Grand Combin

*Die benachbarte Dix-Talsperre ist zwar die höchste und auch massigste in Europa, die von Mauvoisin aber ganz sicher die kühnste. Als Gewölbemauer hängt sie im Mittelbereich über und verspreizt sich in den beiden Flanken – kaum zu glauben, dass so etwas halten kann. Nach der Erhöhung Anfang der 1990er-Jahre ist sie fast gleich hoch wie die von Dixence. Im Hochsommer sind die begrasten Steilflanken beiderseits des Sees die reinsten Blumenparadiese; allein dafür lohnt es sich, die Wanderung in aller Ruhe auf zwei Tage mit Übernachtung auf der Cabane de Chanrion auszudehnen. Von dort eröffnen sich interessante Blicke auf die unbekannte Ostseite des Grand Combin.*

**Talort:** Fionnay (1490 m), kleiner Ort im Val de Bagnes. Busverbindung von der Endstation des Bernard-Express in Le Châble.
**Ausgangspunkt:** Mauvoisin (1841 m); für nähere Informationen zum Ort siehe Tour 36.
**Höhenunterschied:** 920 m.

**Anforderungen:** Einfache, aber insgesamt recht lange Wanderung (hin 11 km, zurück 10 km).
**Einkehrmöglichkeit:** Restaurant Mauvoisin, Cabane de Chanrion (2462 m, SAC, Tel. 027/7781209); bewirtschaftet von Anfang/Mitte Juli bis Mitte/Ende September, Übernachtungsmöglichkeit.

*Die Cabane de Chanrion, überragt vom Bec d'Epicoune mit seinem Eisgrat.*

Vom Parkplatz **Mauvoisin** steigt man in etwa 15 Min. zur Staumauerkrone empor und folgt dann dem Fahrweg durch die gut 700 m langen Tunnels über dem Westufer des Sees. Der Weg führt leicht aufwärts ins Almgelände **La Lia** und zieht dann wieder abwärts, nochmals abenteuerlich durch eine Felszone gehauen, zum Südende des Stausees. Einen guten Kilometer weiter mündet von Osten der Abfluss des Brenaygletschers, wenig danach überqueren wir auf einer Brücke die Drance, die darauffolgenden Kehren des Fahrwegs kann man auf einem Steig abkürzen. Während der Fahrweg nur mehr leicht ansteigend um den Felskopf des **Mont Durand** zieht, führt unser

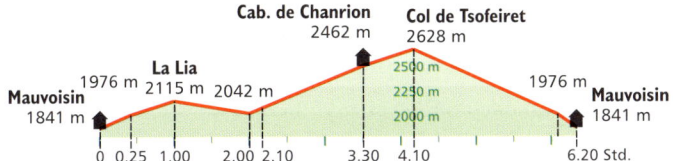

| | | | | | | |
|---|---|---|---|---|---|---|
| Mauvoisin 1841 m | 1976 m | La Lia 2115 m 2042 m | Cab. de Chanrion 2462 m | Col de Tsofeiret 2628 m | 1976 m | Mauvoisin 1841 m |

2500 m
2250 m
2000 m

0   0.25   1.00   2.00  2.10   3.30   4.10                    6.20 Std.

Fußweg in der alten Richtung weiter mit vielen Serpentinen zur Hochfläche **Tsè des Violettes** und dort flach zur **Cabane de Chanrion**.

Für den Rückweg sollte man den Ost-Uferweg wählen: Man geht von der Hütte auf dem Weg in nördlicher Richtung schräg über die Wiesenfläche, kreuzt dabei einen Fahrweg, der zu einer Wasserfassung führt, und kommt an den Einschnitt des Brenaygletscher-Abflusses. An der Brücke über die Klamm und jenseits durch die Steilflanke zum **Col de Tsofeiret**. Dahinter befindet sich die gleichnamige Hochfläche mit den reizvollen Moorseen. Der Weg führt bequem über das Wiesengelände wie auf einer Terrasse leicht abwärts in Richtung Staumauer. Bei der **Alp Giétro** trifft man wieder auf einen Fahrweg, auf dem man das letzte Stück zur Mauerkrone und über diese nach **Mauvoisin** zurücklegt.

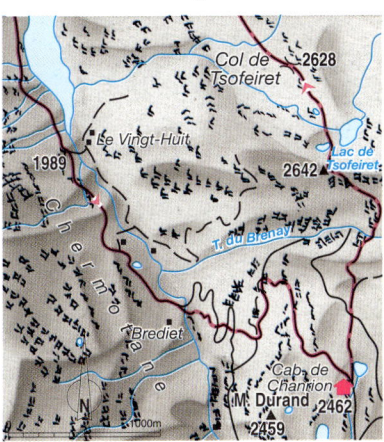

### Einsames Tal mit reichem Wildbestand

*Die Combe de l'A ist nicht nur eines der stillsten Hochtäler im Wallis, sondern zählt auch zu den wildreichsten Gegenden in der ganzen Region – neben Hasen, Murmeltieren, Gämsen und Rehen lassen sich hier auch Hirsche und Steinböcke häufig beobachten, außerdem ziehen nicht selten Adler ihre Kreise am Himmel.*

*Aufgrund der Länge der Wanderung empfiehlt sich die Auffahrt mit Pkw oder Taxi zum Parkplatz an der Talstation des kleinen Liftgebietes von Vichères, da man damit etwa 480 Aufstiegsmeter einspart.*

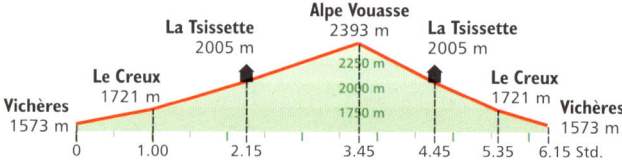

**Talort:** Liddes (1346 m), schöner Ort an der Straße zum Grand St-Bernard. Busverbindung mit Orsières (MO-Bahn von Martigny) mit bis zu 7 Verbindungen täglich.

**Ausgangspunkt:** Talstation der Lifte (1573 m) oberhalb von Vichères, auf teilweise schmaler Straße von Liddes zu erreichen; bei den Liften großer Parkplatz.

**Höhenunterschied:** 820 m.

**Anforderungen:** Ausgedehnte Talwanderung, die unten auf einem breiten Fahrweg, oben auf gutem Steig verläuft.

**Einkehrmöglichkeit:** Cab. de la Tsisette (bew. von Mitte Juni bis Mitte Oktober, 16 Plätze, reservieren unter 079/7313218).

An der Straßenkehre unterhalb der Talstation der Lifte zweigt der Fahrweg in die Combe de l'A ab; zunächst fast ohne Höhengewinn quert dieser in den Graben des **Torrent de la Chaux** und führt jenseits, nun ansteigend, um einen Bergrücken herum zum Talgrund des **Torrent de l'A**. Auf einem steilen Fußweg ließe sich wohl ein Stück der

*Die kleine Alphütte Vouasse in der obersten Combe de l'A.*

Fahrstraße abkürzen, doch angenehmer geht man zweifellos auf dem Fahrsträßchen, das zur Geländekante **Le Creux** (1721 m) weiterzieht, wo auch der direkte Aufstieg von Liddes einmündet. Hier wendet sich der Fahrweg wieder in Richtung Combe, nach einem Kilometer tritt der Wald zurück und der Blick wird frei in den Talgrund und die steilen Flanken zu beiden Seiten. Erst kurz unterhalb der **Alpe Tsissette** (2005 m) wird der Bach auf einer Brücke überquert und zu den alten Hütten aufgestiegen. Bei der verdienten Rast hat man hier beste Chancen, dem lustigen Treiben der Murmeltiere aus nächster Nähe zuschauen zu können.

Unbedingt lohnend ist nun der Weiterweg auf gutem Steig unter den Felsflanken der wilden Gipfel von Les Echessettes bis zur Hochalpe **Vouasse** (2393 m) – unter uns der schäumende Bergbach, während rechts und links des Weges die schönsten Blumenpolster in bunter Pracht leuchten.

Wer mit der Tour bis hierher noch nicht ausgelastet ist und einen Blick ins Val Ferret ergattern will, der kann auf Wegspuren über die Rasenhänge ohne Schwierigkeiten nach Westen zur Einschartung auf 2679 m bzw. zur etwas aussichtsreicher darüber gelegenen **Basset** (2765 m) aufsteigen.

Der Abstieg erfolgt auf dem Anstiegsweg.

*Herrliche Aussichtswarte auf die Südseite des Grand Combin*

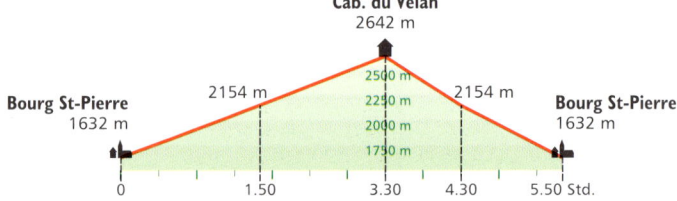

Cab. du Vélan
2642 m

Bourg St-Pierre          2154 m                         2154 m          Bourg St-Pierre
1632 m                                                                   1632 m

2500 m
2250 m
2000 m
1750 m

0          1.50          3.30     4.30     5.50 Std.

*Wie der Name vermuten lässt, ist die Vélanhütte der übliche Stützpunkt für die Besteigung des Mont Vélan, eines schönen Gletscherbergs im Süden des Grand Combin. Im Frühjahr herrscht hier manchmal reger Verkehr, denn der Anstieg und die nachfolgende Abfahrt über weite Gletscherfelder ist eine zurecht höchst beliebte Skitour. Im Sommer geht's dann deutlich ruhiger zu, obwohl der Anstieg sehr abwechslungsreich ist und die Aussicht auf die Südseite des Grand Combin gewaltigen Eindruck macht – ganz besonders wenn man die Morgen- und Abendstimmungen hier oben erleben darf.*

*Der Mont Vélan bildet den hochalpinen Hintergrund bei Liddes.*

**Talort, Ausgangspunkt:** Bourg St-Pierre (1632 m); der oberste Ort im Val d'Entremont. Busverbindung mit Orsières (bis zu 7 Verbindungen täglich, 25 Min. Fahrzeit; Orsières ist Endstation des Bernard-Express von Martigny. Wer mit dem Auto anreist, kann prinzipiell noch knapp 150 m auf dem Alpweg hochfahren, dort gibt es aber nur wenig Parkraum – besser also vom Ort starten.
**Höhenunterschied:** 1010 m.
**Anforderungen:** Gute Bergwege mit ausreichender Markierung.
**Einkehrmöglichkeiten:** Die Cabane du Vélan war Anfang der 1990er-Jahre durch ein Feuer zerstört worden; vom SAC, Sektion Genf, wurde sie in futuristisch anmutender Form neu aufgebaut. Voll bewirtschaftet von Anfang Juli bis Mitte/Ende September. Eine Übernachtung kann empfohlen werden, die Hütte ist im Sommer kaum überlaufen (Tel. 027/7871313).

Von **Bourg St-Pierre** geht es auf dem Fahrweg unter der Schnellstraße hindurch und weiter ins **Valsorey**; eine weite Schleife in den Talgrund lässt sich auf einem Fußpfad abkürzen. Nun weiter taleinwärts, nur noch wenig ansteigend und bald an den Hütten von **Cordonna** vorbei, dann, immer am Sonnenhang entlang, bis zu einer kleinen Schlucht. Diese passiert man oberhalb und gelangt schon bald zu der Schwemmebene am Zusammenfluss der Bäche des Valsorey- und des Tseudetgletschers; hier zweigt nach links am **Chalet d'Amont** vorbei der steile Hüttenanstieg zur **Cabane de Valsorey** am Grand Combin ab.

Unser Weg führt rechts in eine von der Seitenmoräne des **Tseudetgletschers** gebildeten Talmulde und in großen Kehren zum Moränenkamm; hier tut sich ein wilder Tiefblick zur Gletscherzunge auf. In wenigen Minuten hat man dann die **Cabane du Vélan** erreicht.

Der Abstieg folgt dem Aufstiegsweg.

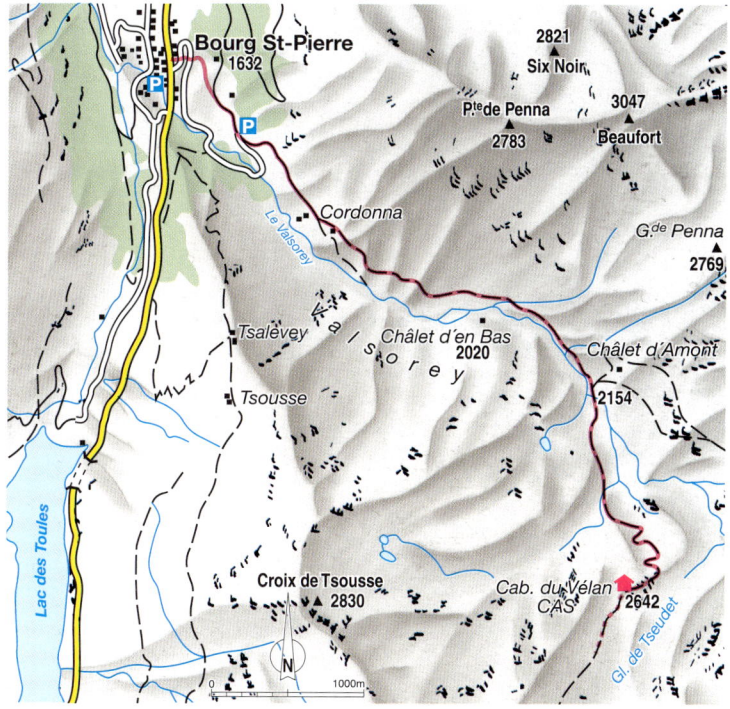

**Grandiose Schaukanzel zwischen Mont Blanc und Grand Combin**

*Die gut vier Stunden Gesamtgehzeit, die diese Wanderung beansprucht, füllt einen halben Tag aus – sie kann also ohne Weiteres im Sommer erst um Mittag begonnen werden,*

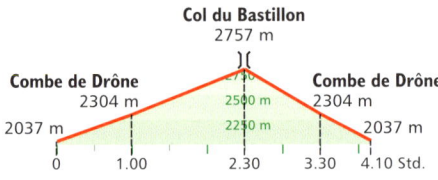

*wenn man beispielsweise die Absicht hat, auf dem Hospiz des Grand St-Bernard zu übernachten (was sehr anzuraten ist, schon allein wegen des besonderen Ambientes und der preiswerten und guten Unterkunft sowie der Bernhardinerzucht). Beim Aufstieg hat man einen schönen Blick zurück auf den Grand Combin, und mit Erreichen des Passes bietet sich eine umwerfende Sicht auf den Mont Blanc, seine Trabanten und hinab zu den drei Seen, den Lacs de Fenêtre.*

**Talort:** Bourg St-Pierre, 1632 m.
**Ausgangspunkt:** Abzweigung des Sträßchens zur Alp la Pierre von der Gd.-St-Bernard-Straße, etwa 1,5 km oberhalb Super St-Bernard. Parken für 2–3 Kfz, sonst weitere Parkplätze an der Straße passaufwärts.

**Höhenunterschied:** 720 m.
**Anforderungen:** Leichte Wanderung. Der Pfad verliert sich im mittleren Teil auf einer Wiese, ist ab dem großen Stein (Einmündung des Weges vom Grand St. Bernard, Tour 41) wieder gut erkennbar. Keine Einkehrmöglichkeit.

Vom Parkplatz folgt man dem Fahrweg zur Alp La Pierre. Die Wanderung verläuft ab der Alp auf einem guten und markierten Weg zunächst am Bach entlang zum Punkt 2304 m, überquert ihn hier und führt in den mittleren Boden der **Combe de Drône**. Auf der wenig geneigten grasigen Fläche (etwa 2300 m) verliert sich der Weg, doch die Richtung ist ganz klar vorgegeben.

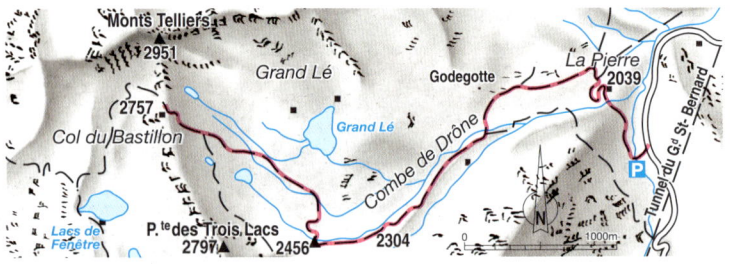

Bei einem großen Stein wird die markierte Route vom **Col des Chevaux** (südlich oberhalb) erreicht. Wenig später wieder über den Bach und in weit ausholenden Serpentinen nach Nordwesten erneut auf eine wenig geneigte Fläche, über die der Weg auf den seit längerem sichtbaren **Col du Bastillon** zuführt. Links und rechts je ein Seeauge. Die letzten Meter in kurzen Wegkehren durch Geröll steil empor zum Col, von dem sich fast schlagartig ein überwältigendes Panorama auftut: Grand Golliat, Mont Blanc, Grandes Jorasses, Mont Dolent und hinter uns der Grand Combin mit seinen zwei Gipfeln, daneben der Mont Vélan. In der Tiefe das schweizerische Val Ferret, direkt unter den steil abfallenden Felsen die drei Lacs de Fenêtre. Östlich unter dem Col eine Militärhütte.
Der Abstieg folgt dem Anstiegsweg.

*Mont Blanc und Grandes Jorasses vom Col de Bastillon aus gesehen.*

*Rundwanderung mit drei »Höhepunkten« zwischen Combin und Mont Blanc*

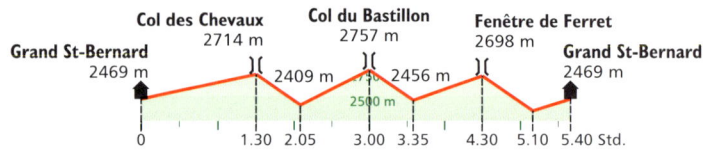

Col des Chevaux
2714 m

Col du Bastillon
2757 m

Fenêtre de Ferret
2698 m

Grand St-Bernard
2469 m

Grand St-Bernard
2469 m

2409 m    2456 m

2500 m

0    1.30  2.05   3.00  3.35   4.30  5.10  5.40 Std.

*Die Tour über die drei Cols am Grand St-Bernard zählt wohl zu den eindrucks-
vollsten Unternehmungen für ambitionierte Bergwanderer in dieser Region.
Nicht nur die Aussichten auf die Gebirgsstöcke des Combin im Osten und des
Mont Blanc im Westen, die uns wechselweise bei den Auf- und Abstiegen be-
gleiten, sind vom Feinsten; jeder der drei Cols überrascht wieder mit neuen
Einblicken in diese wilde Bergregion. Ein besonderes Juwel sind die Lacs de
Fenêtre, in deren Wasser sich die Fels- und Eisgipfel der Mont-Blanc-Gruppe
spiegeln. Am Grand St-Bernard befindet sich das Alpine Museum über die
Geschichte des Hospiz, die Kapelle und die weltberühmte Berhardinerzucht.*

**Talort:** Martigny (476 m) im Rhônetal;
siehe Tour 43.
**Ausgangspunkt:** Col du Grand St-Bernard (2469 m). Der berühmte Pass, der
die schweizerisch-italienische Grenze
markiert, wird von Martigny durch das Val
d'Entremont erreicht. Zum Grand St-Bernard verkehren regelmäßig Linienbusse.
Wer mit dem Fahrzeug anreist, der findet
auf der Passhöhe Parkmöglichkeiten.
**Höhenunterschied:** 950 m.
**Anforderungen:** Hochalpine Wanderung auf gut angelegten und markierten
Wegen, die mehrfach durch Steilabstürze
führen. Schwindelfreiheit und Trittsicherheit nötig.
**Einkehrmöglichkeit:** Im Hospiz auf dem
Grand St-Bernard. Auch Übernachtungsmöglichkeit.
**Hinweis:** Ausweis mitnehmen (Grenz-
übertritt).

*Aus der den Lacs de Fenêtre gegenüber-
liegenden Mont-Blanc-Gruppe ragt die
Grand Jorasses heraus.*

Vom **Hospiz am Grand St-Bernard** zunächst auf der Schweizer Seite die Straße wieder 80 m zurück und linker Hand auf gutem, vom Militär angelegten Weg steil in die Felsen. Ohne großen Höhenunterschied führt der Weg in grasdurchsetztem Felsgelände zum **Col des Chevaux** (2714 m); mächtig steht der Grand Combin im Osten. Danach folgt ein steiler, ausgesetzter Abstieg auf gutem Weg in die **Combe de Drôme**. Bei einem großen Stein wird die Tour Nr. 40 erreicht.

Über den Bach und in weiten Serpentinen empor auf eine steinige, wenig geneigte Fläche, über die der Pfad auf den Col zuläuft. Zum Schluss steil über Schutt in den **Col du Bastillon** (2757 m), von dem aus sich ein überwältigender Blick auf die Mont-Blanc-Gruppe auftut. Anschließend steiler Abstieg unter senkrechten Felsen in ein Geröllkar und tiefer zu den drei **Lacs de Fenêtre** (2456 m).

Östlich am unteren See vorbei und südlich zwischen den beiden anderen hindurch steigen wir, vorbei an eigenartigen Felsschichtungen beidseits des Wegs, zum **Fenêtre de Ferret** (2698 m) auf. Am Fenêtre wird die Staatsgrenze Schweiz-Italien erreicht. Auf weniger gutem Pfad tiefer zur bereits vom Fenêtre zu sehenden Passstraße und auf ihr zurück zum **Hospiz am Grand St-Bernard,** wo vorher die zwei Grenzstationen zu passieren sind.

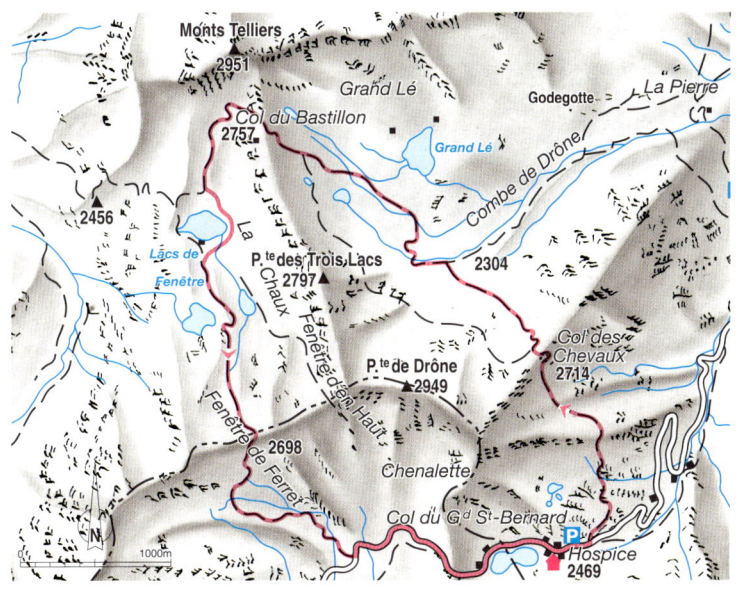

**_Grenzberg zwischen italienischem und schweizerischem Val Ferret_**

_Das Val Ferret ist eines der stillen Walliser Täler in großartiger Hochgebirgs-umgebung, auf der einen Seite die wilden Ostabstürze der Mont-Blanc-Grup-pe mit Mont Dolent, Tour Noir und den Gipfeln um Saleina- und Ornygletscher, im Osten tief unten steile, bewaldete Flanken, oben Wiesenberge, weiter talein allerdings wüste Felsflanken zu den Gipfeln. Vom Col und der Tête de Ferret reicht der Blick auch ins italienische Val Ferret, von der Tête hat man darüber hinaus eine eindrucksvolle Sicht zum Grand Combin._

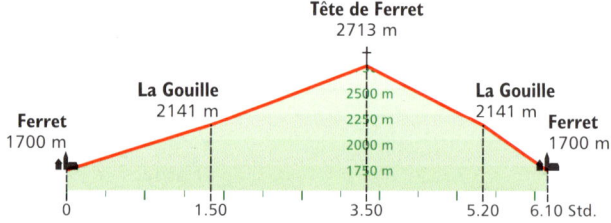

**Talort, Ausgangspunkt:** Ferret, oberster Ort im Val Ferret (1700 m); die Fahrstraße ist lediglich noch 1 km über den Ort hinaus für den allgemeinen Verkehr befahrbar. Etappe auf der Tour du Mont Blanc (TMB). Busverbindung über Fouly mit Martigny. Von der Straße Fouly-Ferret zweigt kurz nach den Häusern von Les Granges ein Fahrweg rechts zum Ferret-Bach ab; Fahrverbot hinter der Brücke, dort Parkmöglichkeiten.

**Höhenunterschied:** 1020 m.
**Anforderungen:** Leichte Bergtour auf guten Wegen, aber am Gipfelaufbau steiler Anstieg.
**Einkehrmöglichkeiten:** Restaurant in Ferret (Stützpunkt mit Unterkunft auf der TMB). Unterwegs keine Einkehrmöglichkeit.
**Variante:** Abstieg über den begrasten Nordrücken; weglos, aber übersichtliches Gelände.

Von **Ferret** geht man am oberen Ortsende auf dem Weg zur Brücke hinab und folgt dem Bach talwärts, bis nach etwa 700 m der Alp-Fahrweg (Startplatz für Pkw-Benutzer) einmündet. Nun etwa einen weiteren halben Kilometer auf diesem leicht aufwärts, bis vor dem Wald ein Weg nach links abzweigt. Dieser wird bald zum erdigen Pfad und führt im Weidegebiet aufwärts, bis man auf den Fahrweg kurz vor der **Alp Léchere** stößt. Ab jetzt gut markiert bergwärts an der **Crêtet de la Gouille** entlang zu einem Grateinschnitt, wo sich ein – gelegentlich auch ausgetrockneter – kleiner See befindet (**La Gouille**, 2141 m). Der Weg zieht nun rechts in die obere **Combe des Fonds** und führt hinter der **Crêtet de la Perche** auf die Magerwiesen

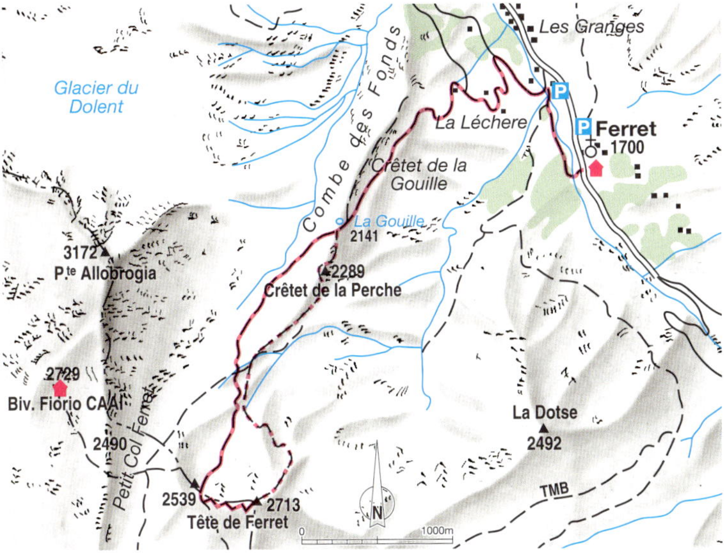
Les Granges
Glacier du Dolent
Combe des Fonds
La Léchere
Ferret
1700
Crêtet de la Gouille
La Gouille
2141
3172
P.te Allobrogia
2289
Crêtet de la Perche
2729
Biv. Fiorio CAAI
Petit Col Ferret
2490
La Dotse
2492
2539
2713
Tête de Ferret
TMB
N
0
1000m

unter der Tête de Ferret und in die westlich von ihr gelegene Einsattelung (der Petit Col Ferret befindet sich hinter dem westlich aufragenden Felsgupf). Von hier steil in kurzen Serpentinen zur **Tête de Ferret** hinauf.

Alternativ und etwas anspruchsvoller, aber landschaftlich schöner ist der teilweise weglose Anstieg vom Seelein La Gouille direkt über den Grasberg Crêtet de la Perche zur Hochebene und von hier in einem weiten Bogen nach links ohne Höhenverlust zum grasbewachsenen Nordrücken der Tête; weglos und steil, aber ohne Probleme aufwärts und mit schöner Aussicht über den obersten Grat zum Gipfel.

Der Abstieg erfolgt auf der Anstiegsroute.

*Rückblick vom Weg zur Tête de Ferret in das Val Ferret.*

# 43 | Bisse du Trient – Col de Balme, 2204 m

**6.10 Std.**

### Vom Trientgletscher zum Logenplatz vor dem Mont Blanc

*Diese Wanderung führt uns zunächst entlang einer alten Wasserleitung an die Gletscherfelder des Trientplateaus, des nördlichsten Zipfels der Mont-Blanc-Gruppe. In früherer Zeit wurde hier im Sommer Eis abgebaut, mit Wagen ins Tal und dann per Eisenbahn zu den Großstädten in die Kühlhäuser gebracht – erst die elektrischen Kühlanlagen beendeten diese Ära. Vom Bereich um die Les-Grands-Hütte hat man besonders schöne Ausblicke auf die Gletscher, auch hinunter ins Trienttal. Der Col de Balme ermöglicht schließlich freie Sicht ins Tal von Chamonix mit dem alles überragenden Mont Blanc.*

**Talorte:** Martigny, 476 m; Zentrum und Verkehrsknotenpunkt am Rhôneknie im Unterwallis. Bahnhof der SBB-Linie Lausanne–Sion. Trient, 1279 m; kleiner Ort an der Straße nach Chamonix. Postauto-Linie von Martigny über den Col de la Forclaz (bis zu 4 Verbindungen täglich, 40 Min. Fahrzeit, 35 km von Martigny).

**Ausgangspunkt:** Col de la Forclaz, 1526 m; Straßenpass auf der Strecke Martigny–Chamonix. Postautolinie (5 Min. Fahrzeit von Trient).

**Höhenunterschied:** 680 m im Aufstieg, 930 m im Abstieg.

**Anforderungen:** Gute und ausreichend markierte Bergwege (Teilstück der Tour du Mont Blanc/TMB).

**Einkehrmöglichkeiten:** Hotel-Restaurant am Col de la Forclaz. Châlet du Glacier, in der Sommersaison bewirtschaftetes Restaurant unter dem Trientgletscher (Erfrischungen und einfache Speisen). Les-Grands-Hütte (2113 m), in einem Seitental des Grandsgletschers auf einer Almfläche gelegen (Privathütte einer Genfer SAC-Sektion, im Sommer meistens bewartet, man sollte sich allerdings nicht darauf verlassen, da sie durchaus auch einmal für einige Tage verschlossen sein kann). Restaurant am Col de Balme (2204 m).

*Von der Les-Grands-Hütte hat man einen schönen Blick auf den Trientgletscher.*

Am **Col de la Forclaz** dem Wegweiser zur Wasserleitung folgen und fast eben taleinwärts. Unterwegs wird im Wald immer wieder die Sicht in den Talboden frei, und ohne Mühe erreicht man das **Châlet du Glacier** im Talgrund und mittlerweile einen guten Kilometer von der Zunge des Trientgletschers entfernt. Man überquert den Bach und steigt in lichtem Bergwald aufwärts, um an malerischen Felsen vorbei an die Ecke oberhalb der Einmündung des Grands-Tales zu gelangen. Auf einer merkwürdig schrägen Almterrasse zwischen zwei Felszonen führt der Weg in Kehren aufwärts, dann mit einer künstlichen Treppe durch die oberen Felsen auf die darüberliegende Almfläche mit der **Les-Grands-Hütte** – hier lässt sich's gut rasten, vor allem wenn der Hüttenwart anwesend ist und Getränke anbieten kann. Doch es gibt noch eine Steigerung: Nach einigen Minuten durch das mit wenigen malerischen Zirben bestandene Gelände kommt man an eine Kante, wo sich der Blick nach Norden und wieder hinab ins Trienttal öffnet. Wie

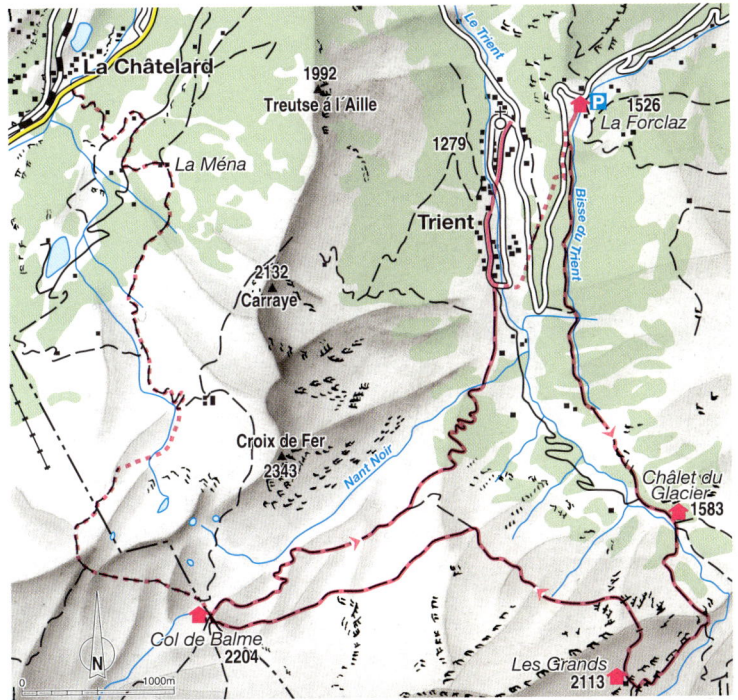

**Col de la Forclaz** 1526 m
**Châlet du Glacier** 1583 m
**Ref. Les Grands** 2113 m
2064 m
**Col de Balme** 2204 m
**Trient** 1279 m

2000 m
1750 m
1500 m

0    0.50    3.00  3.30    4.10    6.10 Std.

auf einem Panoramapfad geht es nun dahin, allerdings mit einigem Auf und Ab, bis man dann am **Col de Balme** über dem Chamonixtal dem Mont Blanc gegenübersteht.

Wer nicht zum Auto am Col de la Forclaz zurückkehren muss, sollte eine gute Karte zur Hand nehmen und auf der Westseite des Passes am **Croix de Fer** vorbei (als Abstecher zu empfehlen, 2 Std. zusätzlich) zur MC-Bahnstation **Châtelard** absteigen (etwa 2 Std.) und mit dem Zug nach Martigny zurückfahren – dies ist sicher die schönste Runde an diesem Berg. Ansonsten steigen wir auf dem Weg direkt nach **Trient** ab, auf den Wiesenhängen über dem Nant-Noir-Bach, dann in steilen Serpentinen zum Talboden hinunter. Hier entweder 1,5 km eben zum Ort (Bushaltestelle) oder in etwa 1 Std. Gegenanstieg zur Wasserleitung am **Col de la Forclaz** zurück.

*Unten: Die Les-Grands-Hütte am gleichnamigen Gletscher. Rechts: Hinter Les Grands fließt der Trientgletscher unterhalb der Pointe d'Orny ins Tal.*

**2.30 Std.**

*Verwegener Tiefblick in die Schlucht und einmaliges Eisenbahn-Erlebnis*

*Bei dieser Wanderung haben wir anfangs eine besonders schöne Aussicht ins Rhônetal, von der Brücke gibt es dann einen überwältigenden Tiefblick in die Schlucht (200 m bis zum Wasser – auf keinen Fall etwas hinabfallen lassen, da im Grund des Gorges der Schluchtweg verläuft). In Les Marécottes empfielt sich ein Besuch des Alpenzoos, bevor als weiterer Höhepunkt dieser Tour die Fahrt mit der Zahnradbahn auf wahrlich kühner Trasse zurück ins Rhônetal erfolgt. Schließlich kann auch ein Besuch der Schlucht selbst sehr empfohlen werden.*

**Talort, Ausgangspunkt:** Vernayaz, 452 m; etwa 5 km nordwestlich von Martigny gelegener Ort, bekannt durch den Eingang in die Gorges du Trient; Bahnhof der SBB- sowie der MC-Linie von Martigny nach Châtelard/Chamonix, mit der auch die Rückkehr von dieser Tour erfolgt.
**Endpunkt:** Les Marécottes (1030 m); zusammen mit Le Trétien, Salvan und Les Granges auf aussichtsreicher Terrasse hoch über dem Trientbach gelegen, gute Bahnverbindungen mit Martigny und Chamonix, im Sommer fast stündliche Verbindung.
**Höhenunterschied:** 580 m.
**Anforderungen:** Gute Wanderwege.
**Einkehrmöglichkeiten:** Restaurant an der Pont de Gueuroz, ansonsten in Vernayaz und Les Marécottes.

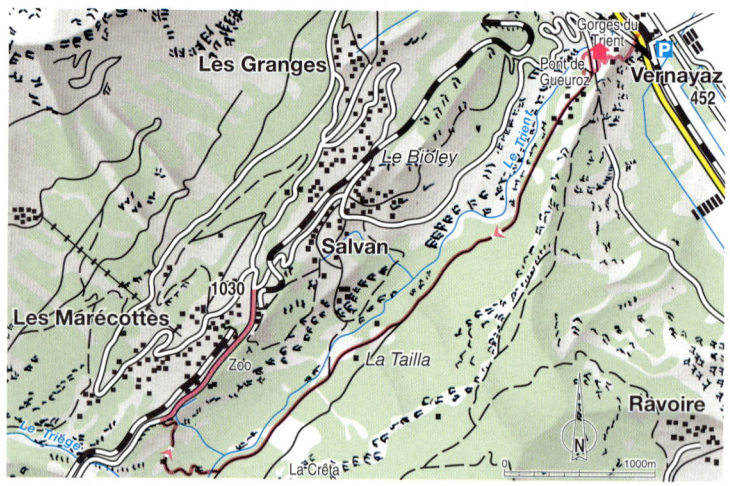

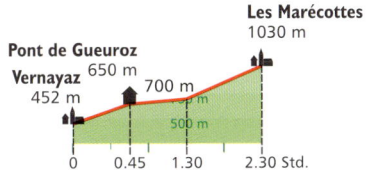

Gleich beim MC-Bahnhof bzw. beim Eingang zur Trientschlucht in **Vernayaz** beginnt der nur anfangs etwas steile Weg auf den Felsriegel am Schluchtausgang. In seinem oberen Teil kann man mit wenigen Schritten an eine Abbruchkante gehen, fast senkrecht über dem Rhônetal. Kurz darauf kommt man an die Fahrstraße mit dem Restaurant und der Brücke **Pont de Gueuroz** – erbaut in den 30er-Jahren und mittlerweile etwas altersschwach, wurde sie in den 90er-Jahren durch eine neue Brücke ersetzt.

Unsere Route folgt nun dem Fahrweg auf der Südseite des **Gorges du Trient** taleinwärts, zweigt dann bei **La Tailla** von dem nach La Crêta führenden Hauptweg nach rechts zum Bach ab und folgt diesem noch einen Kilometer taleinwärts zu einer weiteren Abzweigung, wo es, wieder nach rechts, zur Brücke über den Trientfluss geht. Jenseits steigt der Weg wieder an und ermöglicht auf halbem Wege zum Ort einen Blick in die Triègesschlucht. Bald darauf erreicht man die Straße **Les Marécottes**–Trétien, auf der man schon bald in den Ferienort gelangt; dabei kommt man auch am Alpenzoo vorbei – wenn die Zeit reicht, sollte man einen Besuch nicht auslassen.

Die Rückkehr mit der Zahnradbahn ins Rhônetal ist die Krönung der Tour: auf verwegen angelegter Trasse geht's zurück nach **Vernayaz**.

*Oberhalb der Trientschlucht liegt Salvan-Marécottes, überragt vom Luisin.*

**Exzellente Aussichtswarte zum Mont Blanc in lieblichem Wandergelände**

*Der Mont de l'Arpille ist ein breiter Rücken mit schönem Hochalmgelände über dem Col de la Forclaz, über den die Route vom Rhônetal (Martigny) nach Chamonix verläuft. Besonders im Frühsommer findet man hier eine großartige Blumenpracht. Die Aussicht am Weg und auf der Gipfelkuppe ist sehr umfassend und reicht vom Mont Blanc über die Dents du Midi und die Morcles-Gruppe bis zum Grand Combin und ins Rhônetal hinunter.*

**Talort:** Martigny (476 m); interessante Kleinstadt mit bemerkenswertem kulturellem Angebot und vielen historischen Bauten. SBB-Station, Abzweigung der Bahn nach Châtelard-Chamonix (MC) und des Bernard-Express (MO).
**Ausgangspunkt:** Ravoire (1175 m); weitläufige Siedlung oberhalb der Straße zum Col de la Forclaz mit schöner Sicht über das Unterwallis. Postautoverbindung mit Martigny (etwa 5 Verbindungen täglich, 30 Min. Fahrzeit bei 14 km). Hinweis: Man kann zwar auf einem Fahrweg von Ravoire noch ein Stück weiter mit

dem Pkw hochfahren, die Überschreitung wird dann allerdings wesentlich umständlicher.
**Endpunkt:** Col de la Forclaz (1526 m), Passhöhe auf der Strecke Martigny–Trient–Chamonix, Postautohalt (ungefähr 4 Verbindungen täglich, ca. 35 Min. Fahrzeit, 20 km).
**Höhenunterschied:** 910 m.
**Anforderungen:** Leichte Bergwanderung auf guten und markierten Wegen.
**Einkehrmöglichkeiten:** Gasthäuser in Ravoire und am Col de la Forclaz. Unterwegs keine Einkehrmöglichkeit.

*Martigny und das untere Rhonetal von oberhalb Ravoire gesehen.*

Von der Bus-Endstation in **Ravoire** geht man auf dem Wanderweg schräg in südwestlicher Richtung aufwärts, abwechselnd über freies Gelände und durch kleine Waldflächen, an einzelnen Häusern und einer kleinen Siedlung (**Chez Pillet**) vorbei. Im Wald »Grande Communaux« etwas oberhalb der Lichtung **Les Clous** trifft man auf den beim Ausgangspunkt erwähnten Fahrweg. Nur ein kurzes Stück geht es auf diesem weiter, dann verengt er sich zu einem Ziehweg und führt steil zur **Alp L'Arpille**. Bei den Hütten ist die Wegmarkierung etwas verwirrend: Man wird auf einen alten Pfad nach

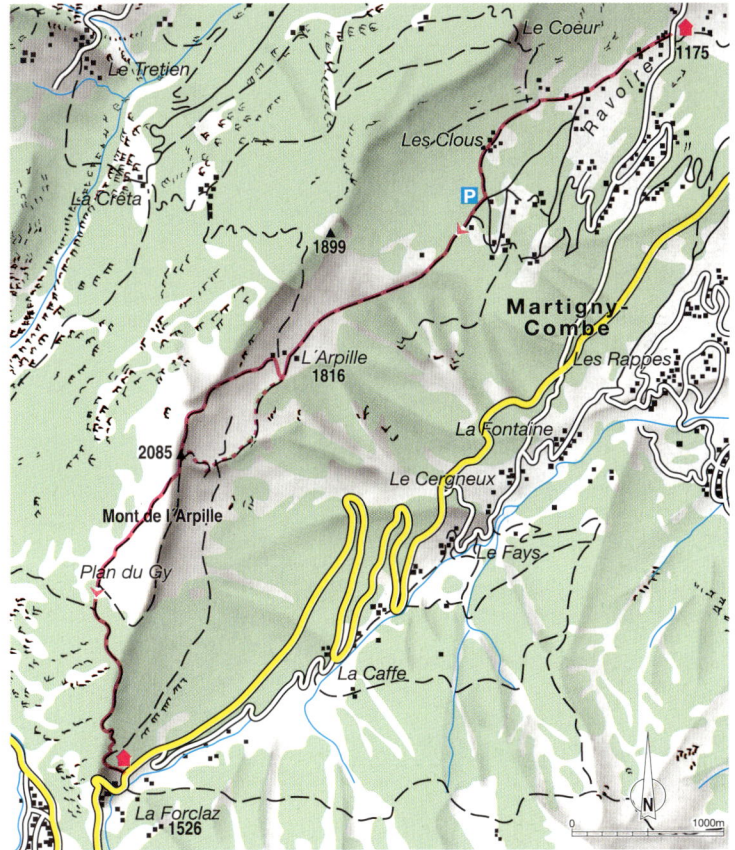

![Tiefblick vom Mont de l'Arpille](...)

*Tiefblick vom Mont de l'Arpille auf Salvan-Marécottes, über dem Rhônetal der Dent de Morcles.*

links gewiesen, von dem bald nur noch Spuren zu erkennen sind, dann aber auch zum Gipfel führt; der bessere Weg nimmt dagegen seinen Anfang wenig oberhalb eines Wasserbehälters über der Hütte und gelangt am kreuzgeschmückten Vorgipfel (2051 m) vorüber zur weitläufigen Gipfelfläche des **Mont de l'Arpille** mit wetterzerzausten Bäumen und ostseitigen Lawinenschutzbauten. Bei gutem Wetter könnte man hier oben leicht den ganzen Tag verbummeln.

Beim Abstieg folgt man dem Weg am westlichen Rand der Alm-Hochfläche

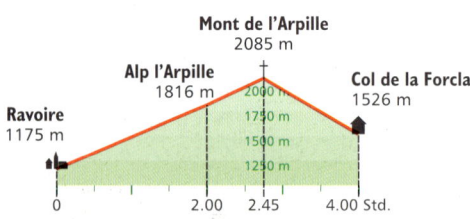

**Plan du Gy**, kommt an deren Ende in den Wald und steigt anschließend in Serpentinen zum **Col de la Forclaz** (1526 m) hinab. Mit dem Bus geht es dann nach **Martigny** zurück.

## Auf Dinosaurier-Spuren mit Ausblicken auf das Mont-Blanc-Massiv

*Schon auf der Zufahrt und dann besonders von der Staumauer des Lac d'Emosson aus öffnet sich der großartige Blick auf das Mont-Blanc-Massiv. Durch die steilen Felsflanken der umliegenden Berge erinnert der meist dunkelblaue See stark an einen norwegischen Fjord. Der See wurde früher weiter hinten im Tal gestaut, bei Niedrigwasser im Frühsommer ist die sonst überflutete alte Mauer zu erkennen. Unsere Wanderung führt jedoch zu einem weiteren, höher gelegenen kleinen Stausee, dem Lac du Vieux Emosson und von dessen Ende aufwärts zu einem aussichtsreichen weiten Passgelände. Bei diesem letzten Aufstieg kommen wir als besondere Attraktion an versteinerten Trittspuren und Überresten von Dinosauriern vorbei – bitte nichts zerstören, damit sich auch spätere Generationen noch daran erfreuen können.*

*Über dem Emosson-Stausee zeigt sich der Mont Ruan.*

**Talort:** Finhaut, 1298 m.

**Ausgangspunkt:** Lac d'Emosson (1965 m), Schrägaufzug (zwei Sektionen, verbunden mit einer Panoramabahn) von Le Châtelard an der MC-Bahn. Auch auf geteerter Straße von Finhaut zu erreichen, fünf Serpentinen überwinden die 650 Höhenmeter, Parken unterhalb des Restaurants.

**Höhenunterschied:** 750 m.

**Anforderungen:** Leichte Wanderung, im oberen Teil Trittsicherheit erforderlich.

**Einkehrmöglichkeit:** Nur im Restaurant an der Staumauer.

Vom Restaurant bzw. der Bergstation des Schrägaufzuges gehen wir auf dem Fahrweg oder steiler über einige Treppen zur großen Staumauer hinab. Über die beeindruckend überhängende Gewölbestaumauer auf die andere Seite und weiter auf dem Fahrweg über dem Ufer entlang zum südwestlichen Zipfel des Stausees. Linker Hand ragen die Felsflanken der Aiguilles du Van bald senkrecht in den Himmel. Der Fahrweg überquert den **Nant de Drance** (den Abfluss des oberen Stausees) und steigt dann steil durch die felsige Südflanke zur Staumauer des **Lac du Vieux Emosson**. Ab hier geht es auf einem Fußweg am nördlichen, dann westlichen Ufer des Sees entlang zu seinem Südende und von dort im Zickzack über die kaum bewachsene schuttige Flanke aufwärts zu einem Absatz auf knapp 2400 m

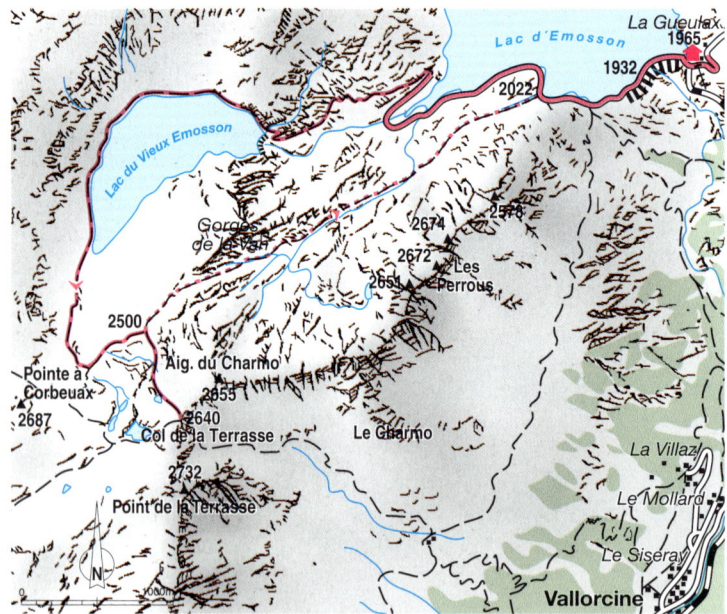

*Fast nordische Impressionen: der Lac de Emosson, rechts flankiert von der Aig. du Van.*

Höhe. Hier entdecken wir die Spuren der Dinos an einigen Felsplatten nahe des Weges. Der Steig führt noch weiter in dieser wahrlich archaisch anmutenden Landschaft zum **Col de la Terrasse** hinauf. Bei guter Sicht sollten wir unbedingt noch aufsteigen, denn die Ausblicke sind prächtig – besonders wenn wir auf Pfadspuren noch zum wenige Hundert Meter südlich gelegenen **Pointe de la Terrasse** (2734 m) weitersteigen.

Der Abstieg folgt dem Aufstiegsweg. Erfahrene Bergwanderer können beim Abstieg ab etwa 2500 m einem Pfad in nordöstlicher Richtung am breiten Rücken folgen, der dann nach Osten in den Gorges de la Van abbiegt und durch diesen, weiter unten nahe der Felswände der Aiguilles du Van, zum **Emosson-Stausee** zieht; man erreicht den Fahrweg nahe der großen Staumauer.

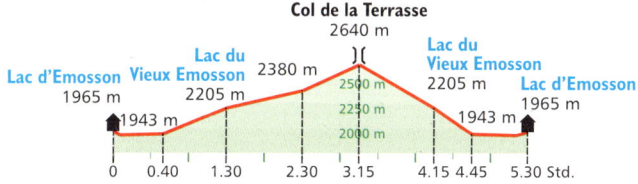

*Am Fuße der wilden Dents du Midi*

*Das Vallon de Van ist ein wildes und tief eingeschnittenes Seitental, welches den großen Kessel von Salanfe unterhalb von Dents du Midi und Tour Sallière zum unteren Rhônetal hin entwässert. Fast lieblich liegt der große, tiefblaue Stausee unter den Wiesenhängen der Salanfe-Alpen, doch darüber dominieren die Felsen und Gletscher an den Dents du Midi, geradezu abweisend zeigt sich die Nordostflanke der Tour Sallière mit ihren dunklen Felsen, in die ein kleiner Gletscher eingelagert ist.*
*Eilige können mit eigenem Auto oder mit Taxi auf der sehr schmalen Straße ins Vallon de Van fahren und die Wanderung damit auf etwa die Hälfte verkürzen – ein wenig des urigen Gesamteindrucks bleibt damit aber ganz sicher auch auf der Strecke.*

**Talort, Ausgangsort:** Salvan, 934 m; an der interessanten Bahnstrecke Martigny–Châtelard–Chamonix auf einer sonnenreichen Terrasse über der Trientschlucht gelegen.

**Höhenunterschied:** 1010 m.
**Anforderungen:** Gute Wanderwege, Teilstück der Tour de Val de Trient.
**Einkehrmöglichkeiten:** Buffet am Stausee, offen in der Hauptsaison.

*Der Tour Sallière spiegelt sich im Wasser des Lac de Salanfe.*

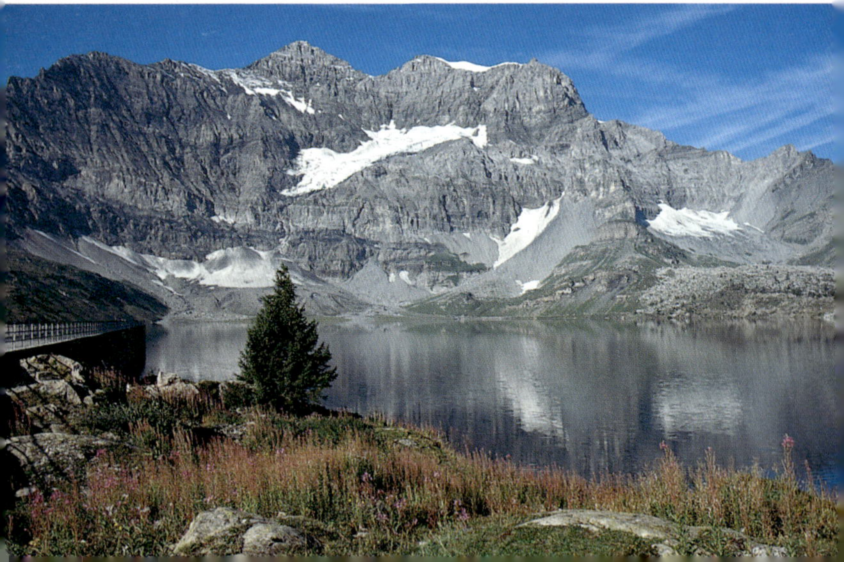

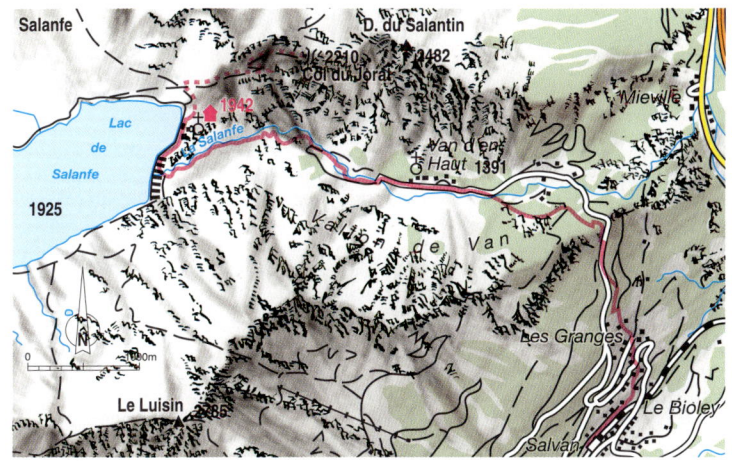

Vom Bahnhof in **Salvan** folgt man dem mit TVT (Tour du Val de Trient) bezeichneten Weg nach **Les Granges** (die Fahrstraße wird dabei abgekürzt). Weiter führt der Weg durch die Wiesen über dem Ort zum Wald, wo man bald auf die Fahrstraße trifft. Auf dieser bleibt man knapp 300 m, dann zweigt der Fußweg links ab und führt durch eine Felsflanke um eine Geländekante ins **Vallon de Van**. In einer Querung trifft man bei den Häusern von **Van d'en Haut** wieder auf die Straße, die hier endet. Als Fuß- und Ziehweg führt sie nun weiter aufwärts, bis das Gelände wieder offener wird und man zur überraschend kleinen Staumauer kommt. Dann sind es nur noch wenige Schritte zur Mauerkrone und dem freien Blick in diesen gewaltigen Kessel. Rechts haltend gelangt man rasch zu der kleinen Hütte, auf der man im Sommer auch Getränke und kleine Gerichte bekommen kann.

Wer noch nicht genug gestiegen ist, kann zusätzlich in knapp 1 Std. zum nördlich gelegenen **Col du Jorat** (2210 m) aufsteigen, der nicht nur freien Blick in Richtung des Genfer Sees bietet, sondern auch auf den Salanfe-See sowie ins Rhônetal hinunter.

Der Rückweg erfolgt auf dem Aufstiegsweg.

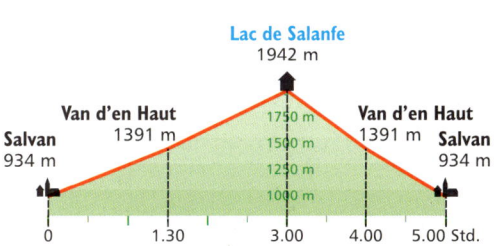

### Am Fuße des Dent de Morcles mit Ausblick zum Genfer See

*Der kleine Ort Morcles wäre schon allein wegen der Zufahrt und der Lage einen Besuch wert. Je höher man dann aber aufsteigt, umso eindrucksvoller wird die Aussicht: ins Rhônetal, zum Genfer See, auf die gegenüberliegenden Dents du Midi und das Massiv des Mont Blanc oder im Nahbereich die interessante geologische Schichtung der Felsen an den Dents de Morcles. In der hier vorgestellten Form hat man es mit einer ausgesprochen anstrengenden Bergwanderung zu tun, die aber mit einmaligen Eindrücken entschädigt. Wer mit eigenem Auto anreist, kann durch die Auffahrt bis oberhalb La Forcle knapp 250 Höhenmeter einsparen, was die Gesamtgehzeit um eine Stunde verkürzt. Empfehlenswerte Alternative: auf der Cabane Tourche übernachten.*

**Talort:** Lavey les Bains (417 m); kleine Siedlung mit Thermalbad bei St-Maurice an der Engstelle im unteren Rhônetal; Bahnstation.

**Ausgangspunkt:** Morcles (1160 m), winziger und abgelegener Ort auf einer kleinen Terrasse im steilen Hang des Morcles-Massivs über dem Rhônetal, eine steile und schmale Straße führt mit nicht weniger als 29 Kehren hinauf. Postautoverbindung mit St-Maurice (6 Verbindungen täglich, knapp 30 Min. Fahrzeit, 10 km). Parkmöglichkeiten in Morcles oder an der weiterführenden Straße oberhalb von La Forcle, 1395 m (verkürzt den Anstieg um 45 Min.).

**Höhenunterschied:** 1040 m.

**Anforderungen:** Unschwierige Wanderung auf guten Wegen, teilweise auch auf Alpstraßen.

**Einkehrmöglichkeit:** In Morcles und Cabane Tourche, in der Hochsaison einfach bewirtschaftete Hütte, im Juni und September nur an den Wochenenden (in Morcles nachfragen); Übernachtung möglich, immer offen.

*Von den Alpen oberhalb Morcles zeigt sich der Nordgipfel der Dents des Morcles als spitzer Felsturm.*

Von **Morcles** auf dem Weg über die Wiesenhänge oberhalb des Ortes und unterhalb des Felsriffs **L'Aiguille** entlang; im Bereich von **La Forcle** kommen wir wieder an die Fahrstraße. Spätestens an der Abzweigung der Alpstraße in den Morcleskessel sollte man sein Vehikel abstellen, da wir hier im Abstieg unsere Runde beenden werden. Teils auf der Straße, teils über die Wiesen zwischen den Kehren geht's weiter aufwärts über die Alm von **Rosseline** und an der Skihütte auf **Le Martenau** vorbei, bis in dem darauffolgenden Steilhang der Fahrweg mit mehreren Kehren in den Bereich der Baumgrenze

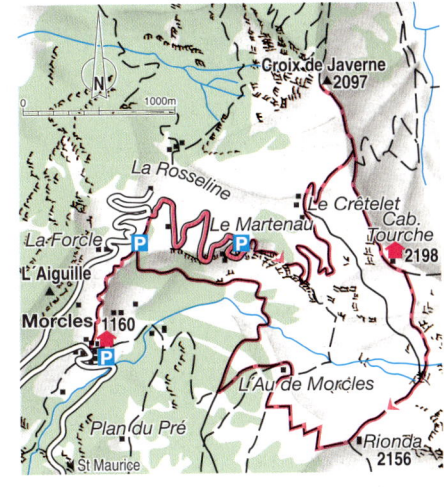

vorstößt. Oberhalb der Alphütte **Le Crêtelet** zweigt ein Fußweg in der letzten Kehre des Fahrwegs ab, auf ihm ersteigen wir den Schlusshang zum Gratrücken und haben nun auch freien Blick nach Osten. In wenigen Minuten wird der vorderste Punkt, der **Croix de Javerne** erreicht und damit auch ein erster Aussichts-Höhepunkt. Der Rück- und Weiterweg am breiten Grat zur **Cabane Tourche** ist ein kurzweiliges »Wandeln über den Welten«.

Nach der wohl verdienten Pause in diesem schönen Haus schließt sich die Querung zur gegenüber sichtbaren **Alpe Rionda** an, entlang eines großen Bandes des geologischen »Jahrmillionen-Buches« im Steilhang unter den Gipfelfelsen der Dents de Morcles. Recht steil gestaltet sich nun der Abstieg, aber nur über die ersten 350 Höhenmeter, dann können wir wieder auf eine Alpstraße ausweichen (oder noch 150 steile Höhenmeter als Abkürzer dranhängen), die wieder in den Kessel unter L'Au de Morcles hinein-

führt und diesen leicht abwärts quert. Letztendlich direkt unter der Felswand von Le Martenau vorbei bis nach **La Forcle** und dann nach **Morcles** zurück.

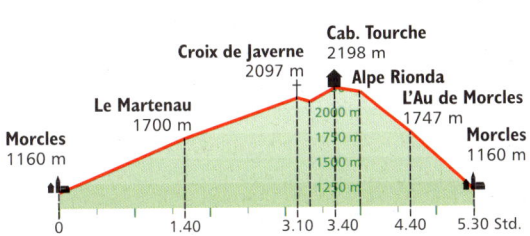

### Wanderoase in der Nähe des Genfer Sees

*Vom Gipfel der Pointe de Bellevue hat man eine wunderschöne Aussicht (nomen est omen!) auf die Dents du Midi, über das Rhônetal hinweg auf die westlichen Berner Alpen und bis zum Genfer See. Die von schrofigen Felsflanken eingeschlossene Combe de Dreveneuse ist eine Oase der Ruhe; die dort gelegene kleine Selbstversorgerhütte gehört der Gemeinde Muraz, dort wegen des Schlüssels nachfragen; sie lädt geradezu ein zu einer ausgiebigen Rast.*

**Talorte:** Morgins (1333 m); Urlaubsort vor der französischen Grenze (Pas de Morgins). Muraz (402 m); Ort wenige Kilometer nördlich von Monthey. Beide Orte mit guter Busverbindungen nach Monthey.
**Ausgangspunkt:** Portes de Culet (1787 m), ist von beiden Talorten nur mit eigenem Auto bzw. Taxi zu erreichen. Parkmöglichkeiten an der Passhöhe.

**Höhenunterschied:** 450 m.
**Anforderungen:** Einfache Bergwanderung bis zum Gipfel, dann auf schmalen Steigen in die Combe und um den Prè-Fleuri-Rücken herum.
**Einkehrmöglichkeit:** Im Chalet Neuf (1692 m, privat, Tel. 024/4771296), am Fahrweg von Muraz kurz unter der Passhöhe am Ende des Rundweges gelegen.

Vom Sattel **Portes de Culet** (Wegweiser) folgt man dem Weg in östlicher Richtung über den begrasten Rücken aufwärts, doch schon nach 100 Höhenmetern wird's wesentlich flacher; man steigt am Rande von Abbrüchen zum Vereinigungspunkt des Prè-Fleuri-Grates und erreicht auf beinahe ebenem Weg die **Pointe de Bellevue**. Dort bietet sich zur Belohnung, wie es der Name schon verspricht, eine herrliche Rundumsicht.

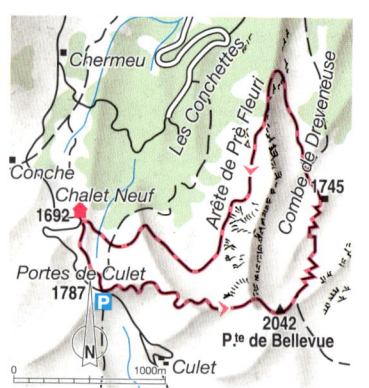

Ein steiles Steiglein führt wenige Schritte östlich des Gipfels über einen schotterigen Hang nach Norden in die **Combe de Dreveneuse** hinab; dann geht's im Tal durch lichten Baumbestand und über Almböden zum nahen **Refuge de Dreveneuse**.

Nun nicht weiter im Talgrund absteigen (dort könnte man über 1500 Höhenmeter nach Muraz hinuntergehen), sondern gleich links auf dem Pfad am Hang entlang etwas abwärts und dann mit kurzem Anstieg auf den Rücken **Prè Fleuri**. Der Weg folgt noch kurz dem

# Stichwortverzeichnis

Nach der Einkehr sollte man zumindest noch eine See-Umrundung anschließen, also am Nordufer entlang wandern bis zu seinem Ostzipfel und südlich des Sees zurück zum **Col de Taney** gehen; dabei wird man feststellen, dass der See wohl einen Zulauf (nämlich bei Taney) hat, nicht aber einen Abfluss – dies geschieht unterirdisch in dem zerklüfteten Untergrund. Wer nicht den steilen Weg absteigen will, könnte nach einem kurzen Aufstieg von etwa 100 m vom Ostende des Sees auf einem Ziehweg über die **Alpe Prelagine** mit schönen Blicken ins Rhônetal nach **Miex** zurückkehren.

*Der Lac de Taney mit dem Felsgipfel Le Tâche.*

### Kleines See-Juwel im Nordwestzipfel des Wallis

*Recht unvermutet liegt das »blaue Auge« des Lac de Taney (auch: Tanay) hoch über dem Rhônetal nahe des Genfer Sees, umgeben von einigen schroffen Felsbergen. Der See samt Umgebung stehen unter Naturschutz. Es ist sehr lohnend, vom See aus in weiteren 2 Std. Aufstieg den nördlich gelegenen Gipfel Le Grammont zu besteigen (gute Wege). Hier liegt einem der Genfer See buchstäblich zu Füßen. Im Bereich des Aufstiegs führt ein übersteiles Fahrsträßchen auch zum Lac de Taney, über das auch Taxis von Miex-Vésenand hinauffahren können.*

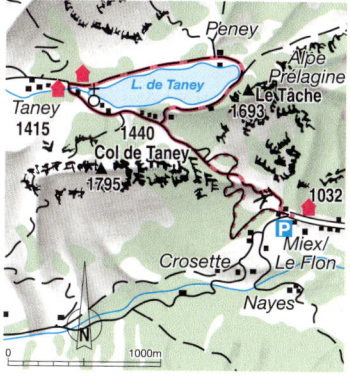

**Talort:** Vouvry (380–440 m); wenige Kilometer vor der Mündung in den Genfer See an der Rhône gelegener Ort. Bahnhof der Linie St-Gingolph (Genfer See)–Monthey; Zug- und Busverkehr.
**Ausgangspunkt:** Miex (900–1050 m); kleine Siedlung hoch über dem Rhônetal, mehrere Ortsteile. Busverbindung mit Vouvry (etwa 5 Verbindungen täglich, 20 Min. Fahrzeit). Parkmöglichkeiten wenige Meter nach dem obersten Ortsteil

(Le Flon) am Beginn des steilen Fahrwegs.
**Höhenunterschied:** 400 m.
**Anforderungen:** Leichte Wanderung, allerdings sehr steiler Aufstieg zum See.
**Einkehrmöglichkeiten:** Restaurants am Lac de Taney; hier gibt es auch Unterkunftsmöglichkeiten, so kann man die Gegend bequem in mehreren Tagen erkunden (Hébergement Chez Nicole, Tel. 024/4811480).

Am oberen Ende des Parkplatzes von **Miex/Le Flon** beginnt rechts der steile Fußweg, der die erste Kehre des Fahrwegs abkürzt und ihn an der zweiten Kehre berührt. Der Pfad zieht in vielen kurzen Serpentinen durch die schrofendurchsetzte Steilflanke weiter aufwärts, quert dabei den Fahrweg nochmals und erreicht ihn erst wieder knapp unter dem **Col de Taney**. Mit wenig Steigung zieht der Weg nun über dem Ufer des **Lac de Taney** nach links zu der kleinen Siedlung **Taney**.

Lac de Taney 1415 m
Col de Taney 1440 m
Col de Taney 1440 m
Miex-Le Flon 1049 m
Miex-Le Flon 1049 m
1230 m
0   1.10 1.20   2.00   2.40 Std.

Rücken aufwärts und quert dann auf der anderen Seite hoch über dem Talgrund die Schuttfelder in den hinteren Talboden. Fast eben leitet er schließlich um einen weiteren Rücken herum zum **Chalet Neuf**.

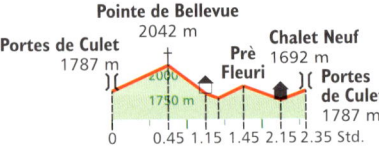

Von hier auf direktem Pfad zur nahen **Portes de Culet**; wer's flacher liebt, kann auch dem Fahrweg folgen.

*Ausblick vom Pointe de Bellevue über den Chonche-Sattel nach Franreich; links der Mont de Grange.*